A MENINA QUE NÃO SABIA ODIAR

Lidia Maksymowicz
com *Paolo Rodari*

A menina que não sabia odiar
A comovente história de uma criança que sobreviveu ao Holocausto

TRADUÇÃO
Silvana Cobucci

Copyright © 2022 by Lidia Skibicka Maksymowicz com a Associação "La Memoria Viva" e Paolo Rodari
Introdução do papa Francisco © Dicastero per la Comunicazione — Libreria Editrice Vaticana
Copyright da tradução da edição italiana para o inglês © 2023 by Shaun Whiteside

As imagens são cortesia de Lidia Skibicka Maksymowicz/ La Memoria Viva association in Castellamonte (TO)

Grafia atualizada segundo o Acordo Ortográfico da Língua Portuguesa de 1990, que entrou em vigor no Brasil em 2009.

Título original
La bambina che non sapeva odiare: La mia testimonianza

Capa
Joana Figueiredo

Foto de capa
Cortesia de Lidia Skibicka Maksymowicz/ La Memoria Viva association in Castellamonte (TO)

Preparação
Marina Waquil

Revisão
Camila Saraiva
Aminah Haman

Dados Internacionais de Catalogação na Publicação (CIP)
(Câmara Brasileira do Livro, SP, Brasil)

Maksymowicz, Lidia
    A menina que não sabia odiar : A comovente história de uma criança que sobreviveu ao Holocausto / Lidia Maksymowicz, Paolo Rodari ; tradução Silvana Cobucci. — 1ª ed. — Rio de Janeiro : Objetiva, 2023.

    Título original : La bambina che non sapeva odiare : La mia testimonianza.
    ISBN 978-85-390-0773-8

    1. Holocausto – Sobreviventes – Biografia 2. Holocausto judeu 3. Judeus I. Rodari, Paolo. II. Título.

23-163398   CDD-940.5318092

Índice para catálogo sistemático:
1. Holocausto : Sobreviventes : Biografia   940.5318092

Aline Graziele Benitez – Bibliotecária – CRB-1/3129

Todos os direitos desta edição reservados à
EDITORA SCHWARCZ S.A.
Praça Floriano, 19, sala 3001 — Cinelândia
20031-050 — Rio de Janeiro — RJ
Telefone: (21) 3993-7510
www.companhiadasletras.com.br
www.blogdacompanhia.com.br
facebook.com/editoraobjetiva
instagram.com/editora_objetiva
twitter.com/edobjetiva

Para as crianças que não tiveram a sorte de sobreviver ao inferno de Birkenau e para minhas duas mães, a quem devo a vida.

Sumário

Introdução, por papa Francisco 9

Mensagem de Liliana Segre, sobrevivente do Holocausto 11

Mensagem de Sami Modiano, sobrevivente do Holocausto 13

A menina que não sabia odiar 15

Agradecimentos 141

Introdução

por papa Francisco

27 de janeiro de 2022

Estou feliz com a publicação do livro de Lidia, sobrevivente do campo de extermínio de Auschwitz-Birkenau, no Dia da Memória do Holocausto. Desejo que este trabalho nos ajude a recordar o que aconteceu. Recordar, de fato, é uma expressão de humanidade, é sinal de civilização, é condição para um futuro melhor de paz e fraternidade. Minhas palavras na audiência geral de 27 de janeiro de 2021 são válidas ainda hoje: "Recordar é prestar atenção, pois essas coisas podem voltar a acontecer, começando por propostas ideológicas que pretendem salvar um povo e acabam destruindo esse povo e a humanidade. Prestem atenção em como começou esse caminho de morte, de extermínio, de brutalidade".

Quando, em 26 de maio de 2021, cumprimentei Lidia brevemente no pátio de São Damásio, quis beijar seu braço tatuado com o número que lhe fora impresso no campo de concentração de Auschwitz-Birkenau: 70 072. Esse foi um simples gesto de reconciliação, para que a memória do passado se mantivesse viva e pudéssemos aprender com as páginas torpes da história o que não devemos repetir, para nunca mais cometer os mesmos erros. Vamos continuar, portanto, a nos esforçar incansavelmente para cultivar a justiça, aumentar o entendimento e manter a integração, para sermos instrumentos de paz e construtores de um mundo melhor. Assim, defendamos a missão de Lidia, que há um ano disse: "A missão que escolhi e que levarei adiante enquanto viver é recordar, falar do que aconteceu comigo". E ainda: "Contar sobretudo aos jovens, para que jamais permitam que algo semelhante aconteça de novo".

Mensagem

de Liliana Segre, sobrevivente do Holocausto

A história de Lidia é um fragmento do universo de um campo de concentração; o lugar amaldiçoado é Birkenau; a narrativa é de um jogo de dados com a morte. O contexto é o da mais indescritível das tragédias do século XX. É o ano zero da civilização.

Por que ainda estamos falando sobre isso? Por dever: o dever da memória. Agora e sempre, como um mantra do terceiro milênio. A palavra-chave é memória, aquela categoria especial que, se exercitada, nos permite preservar a saúde da democracia. Quem esquece, por outro lado, está mais exposto aos perigos da intolerância e da violência.

Mas como nos vacinamos contra o "vírus do ódio"?

Estudando a história e aplicando a Constituição da qual tudo provém.

Aos jovens que lerem estas páginas, fica o meu desejo de um bom futuro, livre da sombra do passado — um tempo que não passa para quem, como eu, ainda se sente um pouco submersa e um pouco salva.

Mensagem

de Sami Modiano, sobrevivente do Holocausto

Ao encontrar uma pessoa como Lidia, fiquei emocionado e não pude deixar de abraçá-la!

Sua história é como a minha — a solidão e a experiência terrível naqueles campos de extermínio, arrancada dos braços de sua mãe com apenas três anos de idade, enfrentando a incerteza do amanhã.

Tantas coisas nos aproximam na experiência dolorosa do nosso passado, mas o desejo de não desistir nos ajudou a superar os obstáculos da vida.

A ferida permanece, mas, assim como Lidia reencontrou sua mãe depois de muitos anos e contou o seu drama, também encontrei uma pessoa que cuidou de mim e sempre esteve ao meu lado: minha esposa Selma. O escrito de Lidia deve permanecer como um exemplo de vida — força, coragem, perseverança no bem, amor ao próximo e guerras nunca mais!

Depois de me calar durante tantos anos, como ela, também decidi falar e expor minha experiência para deixar minha mensagem: nunca mais.

A menina que não sabia odiar

1

Apenas alguns flashes. Como relâmpagos que vão e vêm na escuridão de uma noite distante e ao mesmo tempo tão próxima quanto ontem. Estão comigo há décadas, desde que, com minha mãe, fui deportada para o campo de concentração.

Tenho quase quatro anos. Ela tem vinte e dois.

Estou em seu colo quando descemos na estação de Birkenau. É dezembro de 1943. Faz muito frio. A neve cai como gelo. O vento sopra forte. Ao nosso redor, apenas desolação. Olho para o vagão marrom-avermelhado no qual, por dias, viajamos amontoados, com as pernas dormentes e a sensação de que poderíamos morrer sufocados de uma hora para outra. Sinto uma enorme tentação de subir no trem novamente. Um segundo antes, meu único desejo era descer, encontrar oxigênio, ar. Agora não, quero voltar para dentro. Voltar atrás. Voltar para casa.

Lembro de um abraço apertado. Minha mãe cobrindo meu rosto. Ou talvez eu que estivesse tentando afundar o rosto em seu peito já mais magro depois de uma viagem que pareceu infinita. O trem acelerava e desacelerava continuamente. Fazia paradas muito longas em campos desconhecidos.

Alguns soldados alemães dividem os recém-chegados em duas filas. Poucas dezenas de metros atrás de nós, outros vigiam do alto de uma torre de tijolos. Ficamos na fila da direita. Muitos ficam na da esquerda, escolhidos entre os mais velhos, provavelmente considerados os mais fracos e debilitados. Alguns indícios permitem intuir como aquilo terminará. Não há palavras, apenas resignação. Falta energia para qualquer revolta. Falta força para concretizar qualquer tipo de rebelião.

Cheiro mal e minha mãe também. E cheiram mal todos os que acabaram de descer do trem. Mesmo assim, aquele cheiro é a única coisa amiga, familiar, num mundo estranho. Onde fomos parar? Ninguém fala, ninguém dá explicações. Estamos aqui e pronto.

Nunca me esqueci do latido dos cães. Ainda hoje, quando um cão late na rua, minha mente volta àquela plataforma suspensa em meio à neve e ao vento enquanto os militares gritam numa língua desconhecida. Frequentemente os guardas da SS — aprenderei que é como chamam a organização paramilitar Schutzstaffel — voltam durante o sono, em sonhos que parecem realidade, e me acordam de repente no meio da noite, coberta de suor, apavorada, trêmula. Gritam e não entendo o sentido de suas palavras. E depois as cusparadas, as risadas de desprezo, os olhares cheios de ódio.

Os animais estão presos por coleiras. Espumam, incitados pelos chicotes dos alemães, que se divertem puxando-os na nossa direção. Os cães mostram os dentes e se erguem nas patas traseiras sem perceber que as presas diante deles já se renderam. Já estão mortas.

Minha mãe é separada de mim à força, assim como as mães de outras crianças. Gritos e choro. Não sei para onde ela é levada. Revejo-a pouco depois, com a cabeça raspada e completamente nua. Está sem um único fio de cabelo. Mas ainda me abraça. E sorri. Lembro desse sorriso que parecia me dizer: calma, tudo vai ficar bem. Pergunto: "o que fizeram com suas tranças?". Ela não me responde. "E o vovô e a vovó? Para onde foram?". Continua sem me responder.

Olhamos para o campo. Uma fumaça preta sai de duas chaminés. Descobrirei depois que é o escape das chamas que queimam nos fornos crematórios. Fuligem que cobre o céu. Fuligem que, me dirão, entope os pulmões dos poloneses que moram nas redondezas, a quilômetros, além de Oświęcim, além do rio Vístula. Fedor de carne queimada. Cheiro de morte. Não dizemos nada. Ninguém diz nada. Os poloneses também respiram sem poder reagir. Nós, assim como eles, deduzimos tudo. Meus avós não existem mais.

Depois das chaminés há arame farpado. Depois do arame farpado, árvores sem folhas. Uma planície que se estende até o desconhecido. Gostaria de estar lá fora, de poder correr para a liberdade, para longe, o mais longe possível. A liberdade está tão perto, mas é tão inatingível. São apenas alguns metros. Não é possível chegar perto. Dizem que alguém tentou pular a cerca. Foi fulminado. Outros foram metralhados a poucos passos de conseguir fugir.

Hoje luto para reconstituir tudo o que aconteceu comigo. Mais de oitenta anos depois, não sei dizer se os flashes que surgem como lâminas afiadas na minha memória são fruto do que realmente vivi ou daquilo que, anos depois, os amigos sobreviventes — alguns anos mais velhos do que eu — me contaram ter vivido junto comigo. A única certeza é a de que eu estava ali, estive ali. Minhas lembranças e as dos outros se sobrepõem e se misturam. E já não sei distinguir ao certo o que é meu e o que é deles. Mas não há o que fazer. É como as coisas são.

Entro no campo muito pequena. Quando vou embora, já tenho cinco anos, quase seis. Sou uma das meninas que viveu mais tempo lá dentro, talvez uma das menores que conseguiu sobreviver, que conseguiu se salvar. Às vezes volto a me perguntar: será que eu era pequena demais para que hoje seja capaz de contar minha história? É difícil responder. A verdade é que treze meses em Birkenau são profundamente marcantes em qualquer idade. Aqueles dias, meses, anos, são uma ferida que me acompanha desde sempre e que, eu sei, ficará comigo até o fim dos meus dias. Além disso, o fato de não lembrar de tudo nitidamente aumenta a dor que essa ferida provoca, aumenta seu peso. Não tenho plena consciência de todos os abusos sofridos. Mas eu os sofri. Ainda sofro. Os abusos vivem dentro de mim, no meu inconsciente. São meus companheiros de viagem. Incômodos, mas sempre presentes. Influenciando os meus dias. Os meus silêncios. Os meus sorrisos seguidos de momentos de tristeza. Birkenau nunca morre. Birkenau é parte indelével de quem passou por lá. É um monstro que continua a falar, a transmitir sua indizível vivência.

Percebo isso em retrospecto, depois de cada encontro em que sou chamada a testemunhar, viajando pelo mundo para contar o que me aconteceu. Todas as vezes me pego dizendo algo que ainda não havia dito. Detalhes enterrados na mente ressurgem e encontram novas palavras, surpreendendo primeiro a mim, depois aos meus familiares e aos que me amam: você nunca tinha contado isso. Eu sei, respondo. Sempre esteve dentro de mim, mas só agora encontrou um jeito de sair. Acho que é porque em Birkenau eu era uma criança. As crianças guardam as coisas, às vezes as escondem, outras se confundem, mas não esquecem. Nunca. E, quando crescem, revivem com nova consciência o que aconteceu. O que a mente enterra não morre. Revive. Com o tempo, volta a viver. E muitas vezes só se chega a ter plena consciência dos abusos sofridos depois de anos, às vezes décadas. É assim para muitas pessoas. É assim também para mim.

O que fizeram comigo durante aqueles longos meses de cativeiro? O corpo viveu, a mente armazenou, mas depois também enterrou. E ainda, ano após ano, foi abandonando, como o mar faz com seus navios naufragados.

Penso com frequência na minha alma. Comparo-a a uma antiga geleira que vai derretendo. Em Birkenau, o frio intenso cobriu tudo — emoções, sentimentos, palavras. Depois, lentamente, o gelo deu lugar a estações diferentes. A temperatura externa pouco a pouco se tornou mais branda. E o que antes estava encoberto agora reencontra a luz.

Não é nada fácil lidar com tudo isso. É a missão da minha vida. Árdua, mas indispensável. Procuro cumpri-la por mim mesma, é claro. Mas também por todos os outros, pelos amigos e conhecidos, pelos amigos dos amigos, por aqueles que não conheço mas que fazem parte da mesma família, a humanidade. Quero ser clara, dizer tudo o que penso: a escuridão dos campos não foi arquivada de uma vez por todas. O ódio que alimentou aqueles lugares está sempre à espreita, pode sempre ressurgir. É preciso vigiar em primeiro lugar com a memória, com o relato do que aconteceu. Para que serviram os invernos dos campos de extermínio? Para que serviram, a não ser, ao menos, para fazer a humanidade tomar consciência do seu lado mais obscuro e se empenhar ao máximo para evitar que ele volte a vir à tona, a ter voz, cidadania, energia, força vital? Para que servem Birkenau e todos os campos de extermínio, a não ser para fazer com que essa escuridão nunca mais nos cubra?

Leio nos jornais sobre novos tipos de antissemitismo. Para quem, como eu, viveu os campos de concentração, isso parece impossível e ao mesmo tempo iminente. Porque para nós, sobreviventes, os campos não são acontecimentos de décadas atrás; são de ontem, ou de hoje mais cedo, são infernos dos quais acabamos de escapar. Estão aqui, na esquina, e nós acabamos de dobrá-la, de mudar de caminho. Portanto, é sempre possível cair de volta neles.

Antes da abertura dos campos, qual foi o erro? Dar cidadania a palavras de hostilidade sem lógica alguma, mas que de repente ganharam legitimidade. É o que acontece ainda hoje. Voltamos a aceitar palavras que têm gosto de ódio, de divisão, de exclusão. Quando as ouço da boca de políticos, fico sem ar. Aqui, na minha Europa, na minha casa, aquelas palavras terríveis ainda estão presentes. É exatamente agora, em momentos como este, que a escuridão pode cair sobre nós de novo. Nunca podemos nos esquecer disso.

Minha mãe é uma mulher linda. No trem rumo ao inferno, seus longos cabelos loiros estão presos em tranças. Ela é forte, atlética, orgulhosa de suas origens. Bielorrussa, descendente das tribos eslavas do Leste. Guerrilheira, resistindo a todos os invasores, só se rendeu quando foi capturada pelos nazistas, no fim de 1943. Mas, no campo, continua lutando. E resistindo. Em Birkenau, sua estratégia passa a ser o silêncio. Nas florestas da Bielorrússia, falava, comandava, organizava a defesa do nosso povo. Estava presente e ativa. Em Birkenau, faz o contrário. Deixa de falar. Finge indiferença para com os inimigos. E, sobretudo, aprende a rastejar.

Do seu barracão ao meu — percebi isso recentemente, quando voltei a visitar aquele lugar de morte — há uma distância de apenas uns cinquenta metros. Um terceiro barracão nos separa. De vez em quando ela se arrisca. E vem me visitar. Numa guarita de madeira fica um alemão de fuzil nas mãos. Observa cada movimento, e quem sai da linha acaba mal. Se ele encontrar minha mãe rastejando, vai ser o fim, fuzilamento ou câmara de gás na certa. Mas ela sai assim mesmo. Mergulha na escuridão. Dissimula-se no meio do mato e da lama. Rasteja. Sem medo, ela rasteja.

Dos nossos encontros, lembro sobretudo dos abraços. Não há comida. Ainda assim, de vez em quando ela consegue me levar algumas cebolas. Como um pouquinho por vez, a primeira mordida oferecida por seus dedos emaciados, as outras sozinha na escuridão da noite. Às vezes, entre os dentes, sinto a terra, a sujeira. Não há água para lavar as cebolas. Devo comê-las como estão, sem desperdiçar nada. Não as divido com ninguém. Um instinto me guia acima de todos: sobreviver. Talvez seja horrível admitir isso, mas é como as coisas são. E também vale para as outras crianças. É um instinto animalesco, feroz e brutal. É isso que nos tornamos. É isso que somos. É isso que nos une em Birkenau.

Admito que tenho dificuldade de me lembrar do que eu e minha mãe dizíamos uma para a outra. Diálogos que certamente existiram. Mas deles recordo poucas frases, entre as quais uma que eu lhe dizia e que era mais ou menos assim: "por favor, não deixe só as cebolas, deixe também as suas mãos para me fazerem companhia no escuro".

As noites no campo eram terríveis: o pavor da escuridão, a sensação de ter sido abandonada, de estar perdida para sempre.

As mãos da minha mãe estão sujas. E ásperas. Agarram-se aos tufos de mato enquanto ela rasteja pelo chão no escuro. Às vezes afundam na lama. As unhas pretas cheias de terra molhada pela chuva. Os dedos movem-se às cegas, metro por metro, um de cada vez.

Quando ela tem certeza de não estar sendo vista, esgueira-se do seu barracão para o das crianças, o meu barracão, aquele reservado para as cobaias do dr. Josef Mengele. Procura por mim entre os estrados de madeira que servem de cama. Cada compartimento tem três, posicionados um em cima do outro ao longo de todo o perímetro retangular do barracão. Nós, ali dentro, também ficamos um em cima do outro, amontoados como formigas. Logo aprendi que é melhor pegar o compartimento superior, perto do teto, onde as necessidades fisiológicas dos seus companheiros não caem em você. No entanto, nem sempre consigo e às vezes me contento com o do meio. Outras vezes sou obrigada a me acomodar no de baixo, no estrado mais perto do chão. Nesse caso sei o que me espera: excrementos fedorentos. Aceito tudo sempre em silêncio. Reclamar, chorar, tudo isso pode ser entendido como sinal de fraqueza, o que inevitavelmente me levaria ao fim. Em Birkenau temos de nos mostrar sempre fortes, decididos, não arrogantes, mas ainda assim vivos.

Minha mãe me procura.

Sussurra meu nome de compartimento em compartimento.

"Luda?", chama baixinho.

Se ninguém responde, segue em frente.

E repete: "Luda?".

De vez em quando ela tem essa necessidade de procurar por mim. Mesmo que seja só para segurar minhas mãos e certificar-se de que ainda estou ali. De que, enquanto ela estava nos trabalhos forçados, o dr. Mengele não me pegou e me matou. Ou ao menos de que voltei viva ao barracão. Talvez mutilada, mas viva.

É claro que não são poucos os dias de desespero. Dias em que ela vem ao barracão e não me encontra. Não estou nos beliches de madeira. Desliza pelo chão de tijolos, único luxo que os detentos adultos conseguiram obter da ss para o nosso barracão. Como os outros, o nosso não tem alicerces, mas tem o luxo de um chão de verdade. Minha mãe desliza pelos desenhos que alguns de nós fizeram nas paredes úmidas e cinzentas. Não estou em lugar algum. Pareço estar desaparecida. Depois lhe dizem que Mengele me levou no dia anterior. Ela sai desesperada. Volta no dia seguinte. Nada. Ainda não me encontra. No terceiro dia me acha sobre um estrado aparentemente desmaiada. Estou quase em coma, estendida, o corpo transparente como vidro. Mengele deve ter forçado a mão, não morri por milagre.

Minha mãe me acaricia, tenta me reanimar. Não pode fazer muito por mim. Mas consigo sobreviver. Consigo acordar, apesar de tudo. Um milagre de vida em dias de morte e desolação.

Treze meses em Birkenau significam passar duas vezes pelo frio do inverno. E pelo calor sufocante dos verões da Europa continental. E também pelas primaveras, que, apesar das flores crescendo em volta do campo, entre o mato e as cinzas dos mortos cremados, não conseguem trazer esperança. E por fim o outono, que tem cheiro de fim e de morte, do frio que volta, dos dias sem futuro.

Nunca perguntei de onde vinham as cebolas, mas hoje consigo ter uma ideia. Nenhum alimento é cultivado em Birkenau. No entanto, minha mãe é uma mulher jovem e saudável e todos os dias é levada para fora do campo, além dos fornos crematórios, para escavar o leito do rio. Mulheres e homens em péssimas condições físicas são obrigados a consertar diques ao longo do rio, a limpar pântanos, a cortar juncos e caniços que crescem nas proximidades. O vilarejo de Harmęże, não longe dali, foi evacuado pelos nazistas. Construíram uma fazenda dedicada à avicultura que produz alimentos para a ss. Alguns prisioneiros conseguem roubar uma coisa ou outra. Mas eu achava que as poucas cebolas da minha mãe não vinham desses furtos — tão pequenos e, ao mesmo tempo, tão importantes —, mas da generosidade de alguns poloneses que moram perto do campo. No entanto, ela não me dá muitas explicações. "Toma", diz, me oferecendo o produto do roubo. E eu obedeço sem perguntar nada.

À medida que a guerra se torna mais dura, os encontros com ela ficam cada vez mais raros, assim como suas palavras, que me sussurra ao ouvido fazendo de tudo para que não ouçam, para não chamar a atenção. Insiste sempre que eu repita meu nome, diga a minha idade, de onde venho. Quer que eu aprenda essas coisas para que, se ela não sobreviver, eu não me esqueça de quem sou, das minhas origens, não me esqueça dela, minha mãe, que me pôs no mundo, que foi a primeira a me beijar, a me ninar, a me amar. E para que eu possa dizer tudo isso a quem encontrar ao longo do meu caminho. "Meu nome é Ljudmila, Luda para minha família, tenho cinco anos, venho da Bielorrússia, da região de Vitebsk, na fronteira com a Polônia", repito para ela, perto do fim de nossa reclusão. Ela promete que mais cedo ou mais tarde vai me tirar de lá. Promete que logo tudo vai acabar e que voltaremos para as nossas florestas, para a nossa terra, para o nosso querido vilarejo. Mas os dias passam. E nada muda. A cena que vivemos se repete, os deportados divididos em duas filas, a maioria indo morrer, uma minoria sobrevivendo. Quem tenta se rebelar é executado imediatamente. São animais, é o que pensamos dos alemães. São apenas animais. Às vezes nos deixam nus na frente deles. Crianças, mulheres, homens, todos nus. Não sabem que não temos vergonha deles. Não há por que se envergonhar na frente de animais. Nus ou vestidos, para nós tanto faz.

Quando minha mãe volta a seu barracão, me fecho no meu mundo. Um mundo feito de silêncio, só meu, que logo compreendo ser a única resposta possível aos torturadores. O silêncio é minha única possibilidade de sobreviver. Aprendo isso instintivamente, sem que ninguém me diga nem me explique nada. Não tenho professores dentro do campo, não tenho amigos, não tenho nada. Estou sozinha com meu instinto. Fico em silêncio quando um rato sobe pelas minhas pernas em busca de alimento. Quando uma criança ao meu lado ofega na escuridão da noite e de repente morre. Quando as pulgas e os carrapatos grudam no meu corpo. Quando a ss vem me buscar para me levar para Mengele. É um silêncio no qual tento sumir para não morrer. Um silêncio que mantenho mesmo diante do olhar da minha mãe, do seu rosto desesperado tentando se mostrar sereno e tranquilo, me dizendo para ser forte. Não quero me mostrar fraca, nem mesmo a seus olhos. Não quero que ela sofra. E também não quero sofrer.

Não choro, não grito, não peço nada. Aprendo a sufocar todos os meus sentimentos. Estão vivos dentro de mim, mas não têm direito de existir nem de se expressar. Quem vive um grande trauma tem duas opções: ou se deixa dominar pela loucura ou aprende a apatia. Eu escolhi a segunda. O mundo passa ao meu lado e, aconteça o que acontecer, só preciso continuar viva. Sobreviver à espera de tempos melhores.

Quando tenho saudade da minha mãe, do meu pai que ficou na Bielorrússia, dos meus avós que já não existem, eu a sufoco. Não posso chorar, não posso rir, não posso sentir nada. Meu rosto virou mármore. Rígido. Como o meu espírito.

Não compreendo bem o que é Birkenau, não sei exatamente por que estou aqui, por que alguns de nós são mortos, por que não há brincadeiras, sorrisos, abraços. Por que de vez em quando nos colocam em fila fora do barracão. Por que algumas crianças são selecionadas, separadas e levadas para Mengele. Não compreendo a maioria das coisas que acontecem, mas dentro de mim está bem plantada a intuição de que minha missão é viver, é não morrer.

Anos depois de Birkenau, um jornalista me perguntou se eu odiava a ss. Se odiava os alemães, suas palavras, seus uniformes, sua maldade e violência. Se odiava quem roubou a minha infância.

Respondi que não. Luda, na verdade, era uma menina que não sabia odiar porque nem sequer sabia amar. Não conseguia sentir nada. Eu me anestesiei para sobreviver a tanta dor, a tanto desalento, a um mundo absurdo no qual de repente me afundaram.

Em Birkenau não odeio, não amo, não tenho amigos nem colegas de brincadeira. Não tenho nada. Procuro me manter longe dos problemas. Fujo de tudo, fujo da dor que me cerca e, por força das circunstâncias, fujo também de mim mesma. E até hoje essa menina às vezes volta a viver em mim. Tanto que, até hoje, é difícil para Luda aceitar ter sentimentos. Ainda tende a escondê--los. Ainda tende a pensar que só deve sobreviver, que não deve mostrar o que sente, o que deseja, porque sua tarefa é resistir e sobreviver. Mesmo assim, preciso admitir que dar meu testemunho me ajuda. Contar é, certamente, ajudar os outros a entender o que aconteceu, ajudar o mundo a não esquecer, mas para mim também significa reviver aquela época. E ao mesmo tempo compreender que não é minha culpa se no campo eu não tinha sentimentos. Foi uma forma de defesa necessária, a única possível. Isto, então, é o que Luda era: a menina que não sabia — e não conseguia — odiar. Tampouco amar.

Acredito na minha mãe. Acredito nas suas últimas palavras antes de partir para a marcha da morte rumo a Bergen-Belsen: lembre-se de como você se chama e de onde vem, porque vou voltar e levar você para longe daqui. É o fim do ano de 1944. Depois descobrirei que, naquele momento, as forças soviéticas estão avançando na Polônia rumo a Birkenau e Auschwitz. A libertação está próxima. Os alemães compreenderam que tudo estava acabado para eles e decidiram transferir os deportados para outros campos no interior da Alemanha. Chegam trens. Muitas pessoas são levadas, primeiro para Wodzisław Śląski, depois para mais longe, para o centro da Alemanha. O destino da minha mãe é Bergen-Belsen.

Ela entra no meu barracão para se despedir. Está agitada. Tem medo de nunca mais me ver. Não existem certezas sobre o seu futuro. Nem sobre o meu. De alguma forma sobrevivemos, ainda que rodeadas de inimigos. Por meses, poderíamos ter sido mortas de uma hora para outra pelos motivos mais fúteis. Isso não aconteceu por milagre. Um destino incompreensível e ao mesmo tempo cego, injusto na sua casualidade, nos salvou. Sem nenhum mérito especial, fomos poupadas. Mas o equilíbrio ainda é precário. Tudo pode acontecer.

Daquele último encontro me lembro dos seus olhos. Olham para mim com amor e desespero. Ela segura minha cabeça com as duas mãos enquanto me olha nos olhos e me beija. Sou sua filha, sou seu coração, sou seu amor. Lembro de suas palavras. Repito-as para mim mesma durante dias depois de sua partida. "Lembre-se de como se chama e de onde você vem". Sou Luda Boczarowa, tenho cinco anos, venho da Bielorrússia. Meus avós maternos chegaram a Birkenau junto comigo, transportados naquele grande vagão vermelho-púrpura. Na estação, foram imediatamente retirados e levados para as câmaras de gás. Morreram em poucos minutos. Meu pai foi levado pelo exército russo antes da deportação. Minha mãe foi conduzida comigo para Birkenau e depois enviada para Bergen-Belsen. Ainda na plataforma, o dr. Mengele me escolheu. Eu era pequena, mas tinha a saúde perfeita. Aparentava ter mais idade. Fiquei sozinha no campo. Minha mãe não está mais ali. Partiu antes da libertação. Agora os alemães também foram embora. Fiquei sozinha, mas juro para mim mesma e para Deus: enquanto eu viver, vou procurá-la, vou tentar me juntar a ela novamente, vou abraçá-la com força, como fizemos na última vez. E vou lhe dizer a única coisa que importa: "eu te amo, mamãe".

2

Os trens alemães começam a circular de manhã bem cedo pelas planícies da Bielorrússia, na fronteira com a Polônia, depois que a Alemanha nazista nos invadiu. Transportam homens e armamentos. Adolf Hitler movimenta suas tropas para conquistar um novo "espaço vital" no Leste Europeu. Meu país é um território importante, um ponto estratégico perto da União Soviética. E nós, bielorrussos, somos vítimas de um conflito que não nos diz respeito; da noite para o dia, dominados, passamos a ser estrangeiros na nossa amada terra.

O medo toma conta das nossas ruas. As pessoas se recolhem cada vez mais às suas casas. Nas cidades, os judeus são retidos em guetos, confinados em bairros cada dia mais inseguros, prisões das quais só saem quando a SS decide deportá-los para lugares distantes.

Os apitos das locomotivas nos acordam à noite. E continuam durante o dia. As crianças se revezam para se esconder no mato à margem das ferrovias e contar quantos armamentos são transportados. Depois voltam para casa e transmitem as informações aos pais, que as repassam para os líderes do movimento clandestino de resistência.

30

Lembro das nuvens de fumaça e das rodas de ferro que me pareciam gigantes, das corridas desenfreadas dos meus amigos, da transmissão de informações, do orgulho nos olhos dos adultos. Não entendíamos tudo, mas também nos sentíamos parte de um projeto grandioso.

Acabamos entrando para o movimento de resistência. Quando os alemães invadiram e queimaram o nosso vilarejo, não muito distante da fronteira com a Polônia, meus pais me levaram junto com meus avós maternos para morar nos bosques que permeavam as grandes planícies. E para colaborar e trabalhar para a resistência.

Mais do que qualquer outra coisa, acompanho as crianças maiores ou fico no colo da minha mãe, que corre pelos caminhos que margeiam a ferrovia. Quando passa um trem, me escondo com ela entre as folhas e os arbustos. Fico imóvel, deitada no chão, com o coração batendo forte. E depois retorno, com o grupo dos que têm informações a transmitir.

Colher informações é, de fato, a única brincadeira das crianças neste início de 1943, ano que mudou para sempre a minha vida e a de tantos conterrâneos meus. Não são permitidos outros tipos de brincadeira. O medo tomou conta de todo o território. Não podemos descansar, nos distrair. Somos pequenos, mas nos tratam como adultos. E, como os adultos, temos de lutar para não morrer.

Anna, minha mãe, é jovem e indomável. Tem uma personalidade rebelde, parecida com a do meu pai, Aleksander. Ele é mais ponderado, ela é mais impulsiva, mas ambos logo entendem de que lado está o mal. A ideologia nazista é o inimigo que deve ser combatido, ao qual é preciso resistir. Os dois são católicos. Ao contrário de outros, imediatamente entendem a monstruosidade do nazismo. Não fazem concessões ao poder, não fazem acordos. São inflexíveis. Posicionam-se contra Hitler e sua Alemanha, decidem se opor. Ficam do lado dos judeus. Sem dúvida, a ideologia soviética muitas vezes também está contaminada pelo antissemitismo. Minha família sabe disso, assim como sabem muitos guerrilheiros. O propósito é resistir sem fazer concessões a nenhuma das duas partes. Ser diferente, ou ao menos tentar — esse é o lema da maioria dos bielorrussos nesses meses difíceis.

Minha mãe vai observar os trens com frequência. Caminha rente ao chão, rasteja entre os arbustos ao longo dos trilhos. Ouve os barulhos distantes, as vozes dos bosques são palavras que ela sabe traduzir. Reconhece antes dos outros a chegada dos vagões. Tem faro. Anota as informações num papelzinho que depois esconde entre os meus cachos louros. Por isso me leva com ela. De fato, o risco de encontrar algum soldado nazista está sempre presente. Geralmente as crianças não são revistadas. As fiscalizações são diárias, em todo o território. Nos bosques estamos mais seguros, é claro, mas nestes meses qualquer coisa pode acontecer sem mais nem menos. Nos vilarejos da planície, muitos judeus e guerrilheiros foram capturados e não se soube mais nada deles; talvez tenham ido parar nos campos de trabalho, além da fronteira, na Polônia ou na Alemanha. Os guetos são liquidados em poucos dias. Os habitantes são caçados de casa em casa, levados à força. Nos bosques, junto conosco, diversos judeus se refugiam. Não consigo entender a diferença entre nós e eles e por que é preciso que haja uma diferença. Os adultos falam da violência dos alemães contra vários grupos de pessoas, mas para mim somos todos iguais: bielorrussos. Observo e, como todos, aguento firme.

Meus pais conhecem bem as trilhas e os esconderijos. Deslocam-se noite e dia, ágeis como lebres. Além de resistir obtendo informações, convidam as famílias judias a se unirem a eles. Fugidas dos vilarejos, essas pessoas vagam sem destino certo. O risco para todos é enorme. Faz tempo que os alemães começaram essa caçada humana. Opor-se a ela é uma obrigação moral. É preciso sobreviver, combater e ajudar os mais vulneráveis.

Como tantos outros guerrilheiros, nós moramos numa *zemlijanka* — um buraco escavado no chão onde se costuma guardar batatas durante os longos invernos. Muitas vezes temos de mudar de *zemlijanka*. Às vezes, de fato, os buracos são descobertos pelos alemães e destruídos. Por sorte, sentinelas na orla dos bosques avisam a tempo quando os inimigos estão na área. Assim, saímos rapidamente dos nossos esconderijos e fugimos. Tentamos cobrir a *zemlijanka* com folhas, mas geralmente não é suficiente. Quando os alemães a descobrem, a devastam. De longe, ouvimos seus gritos. Ficam furiosos por não nos terem capturado. Vamos para áreas menos acessíveis, às vezes pantanosas e mais hostis. Outra *zemlijanka*, mais úmida e menos acolhedora, passa a ser a nossa casa. Meus pais estão dispostos a continuar essa vida por tempo indeterminado. Se necessário, por meses. Não é uma vida digna, mas pelo menos estamos livres, ainda somos donos de nós mesmos.

Às vezes, encontramos outras pequenas comunidades de guerrilheiros. As mais organizadas criaram em seu interior enfermarias, escolas para as crianças, sinagogas, pequenas lojas. A tentativa é recriar nos bosques a vida dos vilarejos. Muitos sobrevivem tentando cultivar trigo ou centeio. Alguns grupos são liderados por guerrilheiros ligados à União Soviética. Meus pais tentam ser independentes. Resistir a tudo e a todos é o lema deles.

Meus avós agora são idosos, mas ainda se mostram bem resistentes. Também levaram para os bosques meu irmão Michał. Quer dizer, não é exatamente meu irmão, mas com o tempo acabou se tornando. É mais velho que eu, tem cerca de treze anos. Meus avós o adotaram antes de fugir para os bosques. Concordaram em ficar com o menino, órfão de pai, para trabalhar em seu pequeno pedaço de terra com sua mãe. A mulher insistiu e minha avó acabou consentindo. Para eles, Michał passou a ser como um filho.

No começo, não aceitei; tive ciúme. Minha avó me chamou num canto e, com doçura, me disse: "Luda, você não pode expulsá-lo, não pode rejeitá-lo. Pense nele como seu irmão mais velho". Agora, durante nossas corridas pelos bosques, muitas vezes ele vai saltitando na minha frente. Michał é ágil, é rápido. Com o tempo, aprendi a gostar dele e a aceitar sua proteção. Ele me ensina a correr pelas trilhas, a fugir dos animais selvagens. E também dos alemães. Me mostra como atravessar os rios e pescar peixes entre as muitas enseadas. Também me ajuda a fazer um bastão para caminhar com mais segurança. À noite, desce comigo à *zemlijanka* e me cobre de folhas para me proteger do frio. Logo se torna uma presença amiga, fiel.

Minha avó é uma mulher generosa. Acolher Michał na família foi um gesto espontâneo dela. Minha mãe e meu pai o aceitaram sem problema e, com o tempo, passaram a vê-lo como um filho. Dois braços a mais para a resistência, entre outras coisas, são sempre bem-vindos. O futuro entre as *zemlijanka* é incerto. Já o presente, apesar de tudo, é feliz. Os bosques da nossa Bielorrússia, mesmo com suas dificuldades, de algum modo oferecem um abraço caloroso. Ainda hoje, quando passo perto de certos bosques, consigo sentir os cheiros daquela época. As folhas molhadas, o musgo aos pés das árvores e o mato nas pequenas clareiras abertas para o céu são perfumes amigos. Desse período também tenho imagens que me vêm em flashes: as corridas solitárias dos esquilos em busca de alimento nas árvores ao anoitecer, as primeiras eclosões de girinos nos lagos, as lebres saltitando entre as árvores, uma cobra que foge assustada no meio da folhagem.

Antes de Birkenau, foi aqui que minha alma se formou. Foi aqui que encontrou sua primeira força vital. A escuridão do campo nunca conseguiu engolir totalmente a luz que me preencheu aqui.

Graças a esse tempo nos bosques, apesar da incerteza que vivemos, sempre consegui encontrar algo positivo no fundo de todas as coisas. A natureza renasce continuamente e diz aos nossos corações: sempre é possível recomeçar; a vida está sempre disponível para um novo começo. E essa certeza nunca me abandonou, embora a vida nunca tenha sido fácil.

Lembro dos olhos da minha mãe, olhos de gato nas noites da resistência. Dos silêncios do meu pai acendendo um cigarro ao anoitecer, do lado de fora da nossa *zemlijanka*. Então, de repente, ele desaparece: contra a sua vontade, é recrutado pelo exército russo. É forçado a aceitar. Não tem escolha. Não pode dizer não. Fez o possível para manter distância dos russos também, mas não conseguiu. De qualquer forma, seu lema era: nunca com os alemães. E, à sua maneira, permaneceu fiel a ele.

Lembro do meu pai se despedindo com um aceno e indo embora. Do último beijo que deu na minha mãe. Não há medo em seus olhos. Diz a ela que tudo dará certo. Dos dois, minha mãe é a mais forte, a rocha da casa. E, ao se alistar, meu pai perde seu maior apoio. Mas, ao mesmo tempo, a certeza de que voltarão a se encontrar o mantém de pé. Ele nos deixa sem grandes dramas.

O inimigo está perto, às vezes perto demais. Mas, em nosso coração, temos certeza de que não nos dominará, de que conseguiremos vencer.

É claro que o medo toma conta de nós a cada investida dos alemães. Eles sobem pelas encostas avançando entre as árvores, correm pelas planícies com seus jipes. Depois descem a pé, guiados pelos cães nas coleiras.

Nossas sentinelas observam o movimento dos homens escondidos entre os ramos altos das árvores. Quando percebem que eles se aproximam, descem e nos dizem para onde fugir. Somos obrigados a nos aventurar por territórios nunca explorados.

35

Conosco estão idosos e crianças, o que significa que nossa fuga deve ocorrer com alguma antecedência. Se nos deslocamos tarde demais ou devagar demais, podemos ser capturados. Além disso, os alemães são imprevisíveis. Podem nos levar e nos deportar ou então decidir nos matar na hora. Tanto faz. Para eles, nossa vida não vale nada. Matar-nos ou não pode depender de seu estado de espírito. Foram muito bem doutrinados. Hitler, dizem os adultos, afirma que o conhecimento estraga os jovens. Ele quer uma juventude ativa, determinada e dominadora. E, observando bem, esses jovens alemães são assim: ignorantes e decididos. Acreditam que realmente pertencem a uma raça superior. Quem não é um deles não é nada.

Certa manhã, um temporal repentino abafa todos os barulhos do bosque. Saímos da *zemlijanka* e tentamos buscar abrigo embaixo de umas árvores. Há semanas vivemos um dia de cada vez. Não sei dizer quantos trens vi passar pela ferrovia, quantos vagões, quantos canhões e armamentos nos comboios.

De repente, uma das nossas sentinelas sai dos arbustos. Deve ter corrido muito, não consegue falar. Recupera o fôlego e diz: "os alemães, os alemães estão chegando". Começa um alvoroço. Os mais jovens e fortes começam a fugir no sentido oposto ao das sentinelas. Depois de alguns minutos, minha mãe consegue encontrar meus avós e Michał. Também podemos tentar fugir. Não temos tempo de pegar nada. Vamos embora com a roupa do corpo e nada mais.

Seguimos o fluxo das pessoas que foram antes. Minha mãe me põe sobre seus ombros. Consigo correr sozinha, mas ela acha que assim vamos mais depressa. O ramo de uma árvore bate no meu rosto. Começo a sangrar. Já aprendi que, principalmente em emergências, não devo dar um pio: ficar em silêncio pode ser a salvação. E por isso não digo nada. Seguro meu machucado enquanto minha mãe corre. A certa altura, algo escorre pelo pescoço dela. Algo quente. É o meu sangue. Ela para por um segundo, entende o que aconteceu, limpa meu rosto com as primeiras folhas que encontra no chão e volta a correr. Vou sobre seus ombros. Vou com meu machucado, que por sorte não é grave.

Depois de alguns instantes, a chuva para, mas surge outro barulho. Vai ficando cada vez mais forte e potente. Contornamos uma planície e nos deparamos com um grande rio. O nível da água está alto. Não há como fugir nem para a esquerda nem para a direita. Não temos escolha, precisamos entrar no rio. Alguns já o fizeram. As águas os recebem impetuosas. Num certo ponto a correnteza fica muito forte, é preciso nadar alguns metros com força. Estamos prestes a entrar quando uma voz atrás de nós grita: *Parados!* Paramos estarrecidos. Eles nos alcançaram. É inútil reagir.

Nós nos viramos devagar e, instintivamente, colocamos as mãos para o alto.

São uns vinte. Armados. Com os cachorros nas coleiras. Cospem no chão. Ficam felizes ao ver o terror crescer nos nossos olhos. Aproximam-se. Fazem sinais para nos sentarmos no chão, em círculo. Alguns passam por nós e apontam os fuzis para os fugitivos que ainda estão no meio do rio. Atiram. Acertam suas costas. Os corpos sem vida boiam na água, como troncos à mercê da corrente, chocando-se contra as pedras. Vidas inteiras terminam num instante. Quem fugiu primeiro morreu primeiro. Nós ainda estamos vivos, mas não sabemos por quanto tempo.

Minha mãe é a mais lúcida. Sentada entre a lama e o mato, ela nos lança olhares reconfortantes. Dá a entender que temos de ficar quietos, não provocar os alemães, concordar com eles. E, quando nos pedem para nos movermos, para marcharmos rumo a um destino que não conhecemos, temos de obedecer, mexer as pernas até onde for necessário. Minha mãe é determinada. Quer viver. Não tem medo. Consegue até sorrir para nós.

Até então não tínhamos ouvido falar de Vitebsk, para onde nos levam de trem. A viagem não é longa, mas, grudados uns nos outros, não conseguimos respirar. O vagão de carga no qual estamos amontoados não tem entradas de ar. Várias vezes me sinto mal. Minha mãe, Michał e meus avós também.

Quando o trem para, somos obrigados a desembarcar numa realidade que parece terrível. Homens e mulheres esgotados em uma cidade transformada em prisão a céu aberto. Estamos no gueto de Vitebsk. Centenas de judeus e de rebeldes como nós são descarregados para esperar por outros destinos ou, quem sabe, pela morte.

O massacre de 11 de outubro de 1941 paira sobre todos nós. Pelos sobreviventes, ficamos sabendo do que houve. Naquele dia, o rio Vićba recebeu os corpos sem vida de dezesseis mil judeus assassinados pelos alemães.

O gueto é assolado por epidemias. Homens e mulheres morrem de fome. Não há alimentos. Não há água. Não há nada. Quem fica doente é executado. Quem não fica doente corre o risco de ter o mesmo fim. Os alemães não têm pena. Aos olhos deles, somos todos culpados. Culpados de quê? De não ser alemães.

Minha mãe e meus avós são levados várias vezes para interrogatórios em algum lugar. Voltam sem dizer nada, mas arrasados. É impossível fugir. O fim parece iminente para todos. Os outros, em sua maioria, são judeus. Nós somos eles. Eles são nós. Não nasci judia, mas vivo sua mesma separação do mundo, seu aniquilamento. O destino quis que fosse assim, que eu fosse judia sem ser. Não entendo os motivos desta situação, mas me encontro nela com a minha família.

Pode parecer estranho, mas minhas lembranças mais vívidas são as dos dias que se seguiram imediatamente à captura e à transferência para aquela espécie de prisão. Os alemães decidem que está na hora de nos levar para outro lugar. Um trem está preparado na estação de Vitebsk. Somos empurrados à força para dentro dos vagões. Não temos nada para comer nem para beber. Não há banheiro, apenas um buraco no chão. Eu também, como todos, sou obrigada a fazer minhas necessidades ali, à vista dos outros prisioneiros. Diante dos alemães não há vergonha. Diante dos meus companheiros, sim.

A viagem é interminável. Vejo as paisagens lá fora e me pergunto: "será possível que ninguém esteja nos vendo? Ninguém pode nos parar? Nos salvar?". Além do barulho das rodas nos trilhos, não se ouve nada. Nas paradas, reina apenas o silêncio. Talvez sejam áreas desabitadas ou talvez o medo mantenha todos entocados nas próprias casas. É como se os trens não existissem. Sonho com uma represália, uma emboscada, alguém que intervenha para matar os alemães e para nos libertar. Mas nada acontece. Ninguém nos ajuda. Somos prisioneiros conduzidos para o nada. Estamos sozinhos num mundo totalmente indiferente à nossa sorte.

Não sofro tanto com a fome. Nem com a sede. O pior é a falta de ar. O sufocamento é atroz. O fedor dentro do vagão é insuportável. Alguns desmaiam. Outros morrem. Enquanto isso, o trem continua avançando implacável, lentamente. Perco a noção do tempo. Não sei há quantos dias estou ali dentro. Não sei nem mais dizer quem sou.

A certa altura, desisto. Encosto em minha mãe e assim, mantida em pé também pelos corpos ao redor, adormeço. Minha mãe encontra forças para me fazer carinho, me fazer sentir sua presença. Ela tem uma energia que os outros não têm. Tem uma força só sua. Creio que vem também da raiva. Da injustiça que ela e nosso povo têm de sofrer. Ela reage lutando, a raiva é como seiva para seu corpo. Uma energia que a faz explodir.

Quase consigo ver seus olhos. Estão abertos na escuridão do trem. Olham para o nada, mas falam. Dizem: "vamos ver o que vai acontecer. Eu estou aqui, viva. E vou continuar vivendo. Vamos ver o que vocês conseguem fazer comigo". É difícil explicar, mas é essa sua força que me sustenta e me sustentará nos meses seguintes. Saber que ela não tem medo. Embora jamais expresse seus sentimentos, vejo quem é em seus olhos. Sinto que é indomável.

Meus avós estão exaustos. Estão a mais ou menos um metro de nós, com Michał. Quando acordo, ouço seus gemidos de vez em quando. Reconheço seus suspiros entre tantos outros. Tenho medo de que morram, de que não consigam suportar. Tento não pensar nisso. Para me distrair, me concentro na casa da minha avó, aquela onde ela morava na Bielorrússia antes de fugir para os bosques. A grande lareira está sempre acesa. A lenha queima e aquece. As batatas são cozidas na brasa, exalam um cheiro maravilhoso. Lá fora, o vento balança a vegetação de uma grande planície. Parecia que nada poderia perturbar aquela paz. Só anos depois compreenderei: não acolher Michał teria sido uma afronta grande demais para um destino até então muito amigo. Meus avós tinham tudo: paz e prosperidade. E Michał devia compartilhar desse bem-estar. Para eles, era uma maneira de retribuir. De agradecer ao céu por suas dádivas. E assim foi.

A enésima parada. De repente a porta se abre. Sentimos frio, muito frio. Um a um vamos caindo do vagão. À nossa volta, tudo branco. Muita neve e vento. A natureza é de gelo, como os nossos corações. Não sabemos onde estamos. Descobriremos depois que aquele lugar se chama Birkenau, um campo de extermínio que fica na Polônia.

Os militares nos dividem em duas filas. Olho ao meu redor e não vejo meus avós. Não há luz. É tarde, talvez noite. Seja como for, já está escuro. Os militares apontam holofotes potentes contra nós. Eles nos veem, mas nós não conseguimos enxergá-los nitidamente. Ao longe, uma coluna de fumaça parece ter um leve brilho cor-de-rosa. Ou talvez eu esteja enganada. Cambaleamos, sem forças. Não sabemos o que fazer. Como nos comportar. O que pedir. Por qual ajuda implorar. Meus avós já não estão conosco. Foram levados. Não sei por quê. Não me despedi deles. Logo eu compreendo: nunca mais os verei. Não sei se imaginei ou se realmente os vi assim, mas tenho uma lembrança distante de duas pessoas idosas se afastando, com as costas encurvadas, desalentadas. Estão indo ao encontro da morte. Vão de mãos dadas, até o fim.

Somos separados de Michał também. Ele é jovem e saudável, serve aos alemães como força de trabalho. Nem dele consigo me despedir. Vai embora com outras pessoas.

O campo é enorme. Há dezenas de barracões dos dois lados dos trilhos do trem. Ficarei à esquerda, meu irmão à direita.

Tudo acontece em pouco tempo. Um militar de cabelos escuros perfeitamente penteados para trás se aproxima de mim. Está limpo, bem-vestido. Olha nos meus olhos por um longo tempo. Acho que se impressiona porque são azuis, como os dos arianos. Pareço alemã. Abre minhas pálpebras, depois as fecha. Sorri. Aperta meus braços e depois minhas pernas. Tenho três anos, mas pareço ter mais. Sou gordinha. Rechonchuda. Forte. Sou perfeita para ele.

Ordena que me separem de minha mãe.

E me escolhe.

Sou sua.

Não sei quem ele é. Logo vou descobrir. Sou levada para um barracão cheio de crianças como eu, amontoadas umas sobre as outras. Estão armazenadas em beliches de madeira dura dos quais despontam pés, mãos, às vezes olhos furtivos e apavorados. Estão sujas, imundas. O cheiro é horrível. Vejo os olhos daquelas crianças. São inexpressivos e apáticos, olhos de quem não conhece a luz ou de quem acredita que a luz já não fará parte da sua vida. Quando entro, me explicam: fui escolhida pelo dr. Josef Mengele pessoalmente. Lembro desse nome: Mengele. Está na boca de todos. Mengele é uma presença ameaçadora. A partir desse dia, ele passa a ser parte da minha vida. Tenho sorte? Em parte, sim. Ele precisa de mim para seus experimentos, mas precisa de mim viva.

3

Minha mãe está usando uma espécie de casaco e uma saia, ambos listrados em azul e cinza. Calça um par de tamancos e sua cabeça está completamente raspada. Ela me pega no colo e me diz para não ter medo. Passaram-se poucas horas desde a nossa chegada a Birkenau. Ainda não nos separaram definitivamente. Sentada em seu colo, não tenho medo. Estou segura. Não choro. Desde os dias nos bosques da Bielorrússia aprendi a controlar as emoções. Se demonstrar fraqueza, sofrimento, impotência, o inimigo se aproveita e volta seus piores instintos contra você. Mas, se ficar impassível, talvez consiga confundi-lo e instintivamente ele pode deixar passar. As piores pessoas geralmente são inseguras. Espumam de raiva, berram, para esconder sua insegurança, sobretudo de si mesmas. Não demoro a perceber: os deportados que conseguem não demonstrar medo têm mais chance de sobreviver do que aqueles que acabam se mostrando frágeis. Claro que é difícil ser forte no campo, quase impossível. Eu consigo, mas acho que principalmente por não ter consciência do que se passa aqui. Não entendo o que está de fato acontecendo comigo, no fundo não, ao menos não completamente. E assim sobrevivo, numa escuridão que me envolve, mas ao mesmo tempo não me domina.

Os inimigos estão por toda parte. Reconheço-os logo. São quase sempre jovens altos, louros, de pele branca e sem coração. Alguns têm bigode, como Hitler. Imitações de seu líder. Sentem--se fortes em suas fardas. São dominados pelo credo nazista. Não há como afetar sua visão de mundo. A única resposta a dar a eles é o silêncio. Sofrer em silêncio, tentando não morrer.

Nesse dia, assim que chegamos ao campo, um deles se aproxima de nós. Está segurando uma placa cheia de agulhas que formam um número. O meu é 70 072, o da minha mãe é 70 071. Faz sinal para que eu me deite numa maca de ferro. Depois, para que lhe estenda o antebraço esquerdo. Obedeço bravamente. Não olho para ele, fixo o olhar no vazio. Minha mãe é obrigada a ficar a alguns metros de mim. Está impotente. Tem que assistir a tudo sem poder fazer nada para impedir. Outros deportados marcam os nossos números em papéis. Sim, outros deportados: são eles que colaboram com os alemães, que os ajudam sobretudo nos trabalhos mais sujos. Descobrirei que alguns o fazem porque são forçados, mas outros para obter algum tipo de vantagem. A lei da sobrevivência domina o campo. Não há outra. Não há solidariedade entre os deportados — é grande demais a escuridão que nos encobre. É grande demais o precipício em que estamos caindo, todos juntos, para que consigamos segurar as mãos uns dos outros.

Já não temos nomes, somos apenas números. O que os alemães não sabem, contudo, é que esses são os registros que os condenarão. Os números escritos em folhas de papel ao lado dos nossos nomes testemunharão para sempre que estivemos ali, que nos tatuaram, que o horror realmente aconteceu. Os próprios alemães deixam uma pista indelével deles, tinta preta sobre papel branco. Sem se dar conta, eles são as primeiras testemunhas. Eles, com seus registros de morte.

Às vezes, os guardas da SS ficam agressivos. Descontam suas frustrações também nas crianças. E com mais frequência nos adultos. Minha mãe logo é punida. Um dia é descoberta carregando cebolas. São para mim. Seguram seu queixo com a mão esquerda e lhe dão um soco na boca com a direita. E mais socos. Sem pena. Ela perde os dentes da frente. Perde muito sangue.

Pergunto o que aconteceu. Ela me explica sem medo de me assustar. Conta tudo para me fazer entender que devo ser esperta, vigilante. Ela não esteve alerta o suficiente e pagou com os dentes. Ainda é linda, mesmo sem os dentes. Ainda é uma mulher linda e jovem, apesar de tudo.

A pressão do militar na pele do meu antebraço é rápida e firme. Sinto dor quando as agulhas furam a carne. Mas consigo me controlar. Não faço caretas, não deixo escapar nenhum gemido e não choro. Não quero dar a eles nenhum presente, nenhum tipo de satisfação. Quando ele faz sinal para que eu me levante, olho meu antebraço e noto apenas uma indefinível mancha preta. Vou descobrir que leva tempo para a tinta ser absorvida e para que os números 70 072 possam ser lidos nitidamente. Será a única tatuagem da minha vida. Com o tempo — percebo isso com o passar dos anos —, os números vão ficando cada vez maiores e cada vez mais legíveis. Para mim, ao chegar a certa idade, será um sinal de que deverei testemunhar: não esconda os números, conte tudo o que aconteceu.

Minha mãe me faz carinho, como que dizendo: muito bem, você foi muito corajosa! Nesse momento não imagino o que esse número significará para mim. Sobretudo, não imagino que me fará companhia por anos, que mesmo quando eu envelhecer ele estará comigo, na minha pele, indelével. Marcar é uma fixação dos alemães. Marcaram os judeus no gueto de Vitebsk. Marcaram suas casas, suas roupas. E depois os marcaram dentro dos campos.

Minha mãe tenta ser carinhosa comigo. Acaricia minha cabeça, depois minha testa. Olha para mim com amor. Passa os dedos na cicatriz que ficou em meu rosto quando me machuquei na Bielorrússia, ao tentarmos fugir dos alemães no bosque. Pronuncia meu nome, pede que eu o repita. Está obcecada com a possibilidade de que eu possa esquecê-lo. Diz que é bom eu ter aquela cicatriz. É mais um sinal distintivo. Se nos separarem e ela tiver de procurar por mim, aquela cicatriz vai lhe dizer quem eu sou. Ninguém poderá errar, nem mesmo ela, como se isso fosse possível.

No bloco das crianças, o barracão para o qual fui enviada, todos são iguais a mim. Cada criança tem um número no braço e ninguém sabe o nome de ninguém. Falamos muito pouco umas com as outras, não nos comunicamos. Estamos mais ou menos no centro do campo, cercadas por outros barracões, mas estamos sós. O terror domina o coração de todas. A pele é tomada pela sujeira, muita sujeira. Não podemos nos lavar. Não há água corrente. As paredes, os estrados que servem de camas, tudo é cheio de insetos, de parasitas que entram em nossas roupas, vivem na nossa pele, até nas partes íntimas. Quanto mais os esmago, mais eles voltam. Há ratos e sujeira por toda parte.

As coisas pioram com a *kapo* — era dessa forma que chamavam os funcionários prisioneiros da SS. A nossa é uma mulher má, sem coração. Não é alemã. É uma deportada como nós. Fica numa sala, na entrada do barracão. Atrás da sua porta há um bastão e um chicote cuidadosamente guardados. De vez em quando ela pega os dois e se deleita golpeando-nos. Usa-os com força em quem faz alguma coisa errada. Em quem não obedece. Mas o medo mora nela também. Em vez de controlá-lo, ela deixa que ele a domine e se transforme em raiva. Depois, desconta em nós. Quando não obedecemos a suas ordens, levamos pauladas e chicotadas. Choro e ranger de dentes, segundo o Evangelho, são o destino dos que forem expulsos do Reino dos Céus, daqueles que não serão admitidos na presença de Abraão, Isaac e Jacó e de todos os profetas, os que não terão o Paraíso. Em Birkenau, esse mesmo destino foi invertido. Um Deus que se tornou mudo e incompreensível parece ter sido reservado aos justos, aos inocentes. O indizível está acontecendo e o indizível não pode ser descrito nem mesmo ao céu. Mais tarde me identificarei bastante com as palavras do filósofo de origem judaica Hans Jonas: Deus não interveio, diz ele, não porque não quis, mas porque não conseguiu. Quem o impediu? Creio que a maldade dos homens. Contra isso, nem Deus pôde fazer alguma coisa além de retroceder.

Não temos comida, apenas pão preto e água. Recebemos o pão preto pela manhã e nos "vendem" a água como sopa no almoço. Às vezes nos trazem também uma espécie de café feito com mato. É intragável. Mesmo assim o bebemos — e sentimos terríveis dores de barriga. Nessas condições, nos acostumamos a tudo. E, sobretudo, aprendemos que qualquer coisa pode nos ajudar a não definhar. Os banheiros são latrinas em que somos obrigados a fazer as necessidades na frente de todos. Não há vergonha. Só humilhação.

Participar das inspeções com frio e fome é uma experiência muito difícil. O que cada um de nós mais teme é ser escolhido pelo dr. Mengele. Muitas vezes ele mesmo vem nos buscar. Entra diretamente no barracão. Lembro muito bem de suas botas altas, pretas, lustrosas, fazendo barulho no chão do barracão. Quando ele entra, eu me jogo embaixo dos beliches de madeira, sob o estrado mais baixo. Tento me esconder no chão, bem no fundo, perto da parede. Como sou pequena, consigo chegar mais facilmente aos cantos mais escuros, mais escondidos. Outras crianças também fazem isso. Quem não consegue se esconder a tempo ou não consegue passar por baixo dos beliches corre o risco de ser apanhado e levado para o laboratório, do outro lado do campo.

Às vezes Mengele vem nos buscar logo cedo, quando ainda está escuro lá fora. Então fecho os olhos. Se eu não o vejo, ele também não me vê, penso. Aliás, muitas outras crianças fazem a mesma coisa. Cobrem o rosto com as mãos. Estão sozinhas diante de um terror que não deveriam sentir. Tentar desaparecer é a única maneira de conseguir suportar o pesadelo em que nos encontramos. Não temos pesadelos à noite, porque os pesadelos caminham ao nosso lado sempre, a cada instante. Nossa vida é o pior pesadelo que se pode imaginar. Sozinhos, sem pais, amontoados em barracões indecentes, vigiados por *kapos* muito más, com o espectro dos experimentos, o espectro da morte. Quem é escolhido nem sempre retorna. Quando um de nós não volta depois de alguns dias, olhamos para os fornos crematórios. Todos pensamos a mesma coisa: nossos companheiros não existem mais, viraram fumaça, cinzas, poeira no ar.

Às vezes as inspeções acontecem fora do barracão. A *kapo* nos intima a sair rapidamente. Ficamos em fila. Ela passa todos em revista, um a um. Lê o número da tatuagem em nossos antebraços e, com uma caneta, marca nossa presença numa caderneta. No fim, sempre falta alguém. Assim, ela entra no barracão com outros guardas da ss e depois de alguns minutos sai com uma ou mais crianças no colo. Estão mortas. Quem não responde à inspeção não é porque está escondido ou resolveu não sair. Não, quem não responde já está morto. Não me lembro de inspeções em que estávamos todos presentes. Em todas se descobre que alguém não resistiu. Pode ser que aquela noite tenha dormido ao seu lado, tenha procurado seu lugar nos estrados de madeira pedindo um cantinho para ficar. E depois, de manhã, já não existe: foi levado por uma doença, ou simplesmente pela desnutrição.

Não sei por quê, mas a *kapo* me chama de Jüdin, embora eu não seja judia. Minha mãe de vez em quando vem me visitar e me lembra quem sou, para que minha memória continue viva caso eu consiga sobreviver. Quer que eu tenha consciência do meu passado. Da minha história. Ela sabe que pode morrer. Que, de nós duas, sou eu que tenho mais possibilidades de sair dali viva. E que, graças a mim, talvez alguma coisa dela também sobreviva, alguma coisa do seu passado, alguma coisa do que ela foi e do que deixou nesta vida. Por isso insiste em me fazer repetir o meu nome, o lugar de onde venho, a cidade em que nasci. Minhas raízes são as dela, minhas raízes são o que restará dela caso não sobreviva. Por isso insiste em tocar na minha cicatriz. E em me fazer repetir: "sou Luda, filha de guerrilheiros bielorrussos, deportada para Birkenau. Sou Luda, a menina com uma cicatriz na testa".

Quando me chamam de Jüdin, não reajo. Se eu falasse, se lhes dissesse que não sou judia, aumentaria inutilmente a raiva deles. Não, tudo bem. Sou Luda e me tornei judia por adoção. O destino decidiu que eu me tornaria judia como eles, que passaria a ser sua filha, irmã, parte da família. Não se é judeu apenas por nascimento, se é judeu também por ter de viver neste mundo o mesmo destino dos judeus.

Os dias passam monótonos. Não podemos sair do barracão. Ficamos sentados por horas nos estrados, com as pernas para fora. Balançamos a cabeça para a frente e para trás, sem falar. Descobrirei depois que, nos orfanatos, muitas crianças têm esse tipo de comportamento. Talvez o balanço seja o sinal de um ferimento que não se sabe como enfrentar. Balançamos sem parar. Nossa vida é toda um grande ferimento. Quando a *kapo* nos chama para a contagem, ficamos de pé, mas depois voltamos ao nosso balanço. Não podemos correr no espaço em volta do campo, não podemos ir atrás das borboletas, rolar na grama. Somos prisioneiras da ss, presas com nossas obsessões e medos. Balançamos todas juntas, um grande navio perdido num oceano inimigo.

Em pouco tempo, meu corpo se enche de pústulas. Quando me escolhe e me levam até ele, Mengele me faz transfusões de sangue. Ao meu redor há outras crianças, algumas com sinais tão profundos de violência que, tenho certeza, têm pouco tempo de vida. Quando sou levada de volta ao barracão, muitas vezes estou desmaiada. Só me recupero completamente dias depois. Se o fato de aparentar mais idade supostamente me salvou no dia em que cheguei a Birkenau, agora pode se revelar uma faca de dois gumes. Se pareço mais saudável e mais forte que as outras, Mengele pode me escolher mais livremente, pode agir sobre mim todas as vezes que quiser. E isso não é bom. Ele não tem escrúpulos, não se afeiçoa a ninguém, não tem pena; sua única meta são seus objetivos.

Minha mãe queria que eu conseguisse me tornar invisível, mas sabe muito bem que é impossível. Fala comigo na nossa língua, mas também tenta me fazer aprender um pouco de alemão. Diz que, se eu conhecer a língua dos inimigos, terei mais armas para me defender, para saber o que fazer em qualquer situação. Às vezes percebe que estou prestes a desmoronar. Perto dela, tenho de me segurar para não chorar. Ela me acaricia, mas depois me intima a parar o choro, senão a *kapo* pega a vara e me bate. Eu acredito nela e paro de choramingar.

É incrível a força que as crianças conseguem ter quando são postas em situações difíceis. Muitas vivem comigo no barracão de Mengele. Mas ninguém diria que são capazes de encontrar dentro de si a energia necessária para sobreviver ali. E, no entanto, a maioria sobrevive. De fato, somos obrigadas a viver como se fôssemos adultos em corpos de crianças. Nossa infância foi roubada. Mas em pouco tempo nos aferramos a qualquer estratagema para não morrer. Somos animais e, como tais, nosso instinto de sobrevivência é inato. E, se não ajudamos umas às outras, ao menos pelo que percebo, tampouco prejudicamos umas às outras. Cada uma cuida de si. Essa é a regra básica do campo. O absurdo dos acontecimentos nos obriga a nos tornarmos mônadas, pequenos seres isolados de tudo e de todos no interior de um mundo de pesadelo. Quando Mengele entra e tentamos nos esconder, vigora a lei do mais rápido. A mais rápida encontra o melhor esconderijo. As outras ficam para trás. Todas querem ser as primeiras a fugir. Não é maldade, nem indiferença. É a dureza dos campos. *Mors tua vita mea* — a tua morte é a minha vida —; o antigo dito medieval ainda vale em pleno século XX.

Os laboratórios do Anjo da Morte, como o chamarão depois, ficam perto dos fornos crematórios. Mengele e seus colegas, outros médicos cujos nomes não recordo, operam com um sorriso nos lábios enquanto a poucos passos deles a carne de mulheres e homens inocentes queima em temperaturas elevadíssimas. Se alguma criança não sobrevive, acaba nos fornos crematórios, sem nenhum pesar. Todas as crianças que entram no laboratório são fichadas. Meu número pode ser encontrado no famigerado registro do Instituto de Higiene da SS. O meu e o de muitos outros.

Além das transfusões, também me injetaram diversos tipos de venenos. Mengele quer ver como meu corpo reage. Ao meu lado há cadáveres de crianças que não sobreviveram. Vivo um pesadelo que se transforma em normalidade com o passar dos dias. Tenho muito pouco tempo de vida para me dar conta de que a normalidade é outra coisa. Meus dias na Bielorrússia foram curtos demais para que os dias em Birkenau não passassem a ser a normalidade para mim. Certamente, os bosques da Bielorrússia tinham sido luz. Mas a escuridão de Birkenau é tão profunda que essa luz, mesmo presente, está temporariamente apagada.

Logo também se torna normal viver com os olhos ardendo. Quando vou até Mengele, volto apagada e, por isso, não sei exatamente o que aconteceu. Acordo e é o meu corpo que fala e me conta o que houve. Além das feridas causadas pelas transfusões e pelas injeções de veneno, o ardor nos olhos me revela o que fizeram comigo. Mengele tem obsessão por olhos. São seu campo de trabalho preferido. Injeta líquidos neles para ver as reações. Nos dias seguintes, sinto ardência. Muitas vezes também tenho febre.

Não me lembro da primeira vez que vi Mengele. Para ser sincera, seu rosto parece ter-se apagado na minha memória. Não consigo focalizá-lo bem, mantê-lo na mente. Se vejo uma foto sua, assim que afasto o olhar ela se esfuma no nada. É como se meu cérebro se recusasse a lembrar. Acho que é algo inconsciente, mas ao mesmo tempo real; um mecanismo de defesa. Além das botas muito bem engraxadas, só me lembro claramente de uma coisa: em algum meandro da minha mente, seu olhar frio reaparece. Não seu rosto, apenas o gelo do seu olhar. Não sei definir seu semblante com precisão. Se tivesse de representá-lo de alguma maneira, não conseguiria. No entanto, a sensação desse olhar está viva dentro de mim. Ainda hoje, tenho a impressão de que ele continua a olhar para mim. O pânico me invade. É uma sensação que não desejo a ninguém. Ele me olha e diz: "você é minha. Posso fazer o que quiser com você".

Mengele não tem sentimentos por nós. Não tem sentimentos por mim. Meus companheiros e eu no campo somos apenas matéria para seus experimentos. Diante dele, a única coisa a fazer é prender a respiração e esperar que tudo passe, que o experimento termine, que se possa voltar para o barracão. Até aquele horrível barracão é um lugar desejável quando se está com ele. O corpo sabe que enfrentará dores atrozes. E também sabe que seu único desejo é fugir.

No barracão não existem palavras. Reina sempre um estranho silêncio. Não há choro nem manhas. Não há nada. Somos crianças sem voz. Crianças às vezes usadas para os trabalhos mais sujos, como o de levar até o forno crematório corpos de pessoas mortas no campo. Nunca me pediram isso, por sorte. Sou pequena demais para aguentar o peso de um carrinho com um ou mais cadáveres. Mas algumas crianças maiores têm de fazer isso. Quem não obedece é chicoteado. É preciso sempre dizer sim às ordens. E assim as crianças se tornam coveiras. E muitas vezes ficam doentes, porque nos corpos dos mortos ainda há parasitas, doenças. O fogo dos fornos queima tudo, mas até chegar lá muita coisa pode acontecer. Às vezes há dezenas de corpos amontoados fora do barracão. Às vezes a morte está ao nosso lado como se fosse uma companheira de brincadeiras.

Lembro de um dia, no fim da tarde, ouvir uma música vindo de algum lugar. À distância tenho a impressão de que é "Wir leben trotzdem" — "estamos vivos, apesar de tudo". Uma menina mais velha me conta que são algumas mulheres, algumas das nossas mulheres, que pegam instrumentos — violinos, bandolins, violões e flautas — e tocam para os deportados que chegam dos trabalhos forçados. Eles devem caminhar ao compasso da música. Diz que também tocam quando chegam vagões com novos deportados. Diz que alguns, quando ouvem a música, levantam a mão para cumprimentar. Talvez pensem que, havendo música, Birkenau não pode ser um lugar ruim. Ela me explica que se trata de uma tática. A música era usada para conduzir os recém-chegados às câmaras de gás e evitar que lhes ocorresse reagir ou até lutar para defender a própria vida.

No campo também há um hospital. Na verdade, mais que um hospital, é a antecâmara do forno crematório: muitos doentes morrem lá sem receber nenhum tratamento. Com alguns, a ss faz experiências quase sempre letais. Os que sobrevivem vão para as câmaras de gás.

Numa ala do hospital há uma unidade para crianças. Atrás de duas grandes tendas, uma pediatra russa (muito famosa em seu país e também deportada, pouco depois de mim) é responsável pela assistência às crianças. É uma mulher enérgica, respeitada até pela ss. Em determinado momento da minha detenção, foi graças a ela que não morri. Um dia acordo com uma febre muito alta. Estou doente. A *kapo* me manda para o hospital. A doutora descobre que sou bielorrussa. Pede informações sobre mim. Quer saber quem sou, de onde venho exatamente, pergunta se tenho parentes no campo. Descobre que minha mãe está nos trabalhos forçados. Consegue fazer com que os guardas da ss a transfiram para fazer limpeza no hospital. Assim pode ficar perto de mim. Por alguns dias, vivemos muito próximas. A doutora nos protege. Diz que logo vou ficar boa.

Mas, certa manhã, chega uma notícia terrível. A ss decidiu acabar com o hospital, e todos os pacientes internados devem ser imediatamente levados para morrer nas câmaras de gás. Ninguém discute; nem sequer a doutora tem autoridade para fazer qualquer coisa. Minha mãe age por instinto, sem pensar. Pede ajuda à doutora para me enrolar num cobertor e faz com que um funcionário da limpeza me tire dali. Ele deve fingir que está levando o lixo para fora. Esse amigo, cujo nome não sei, dispõe-se a ajudar. Sai do hospital com um pacote em mãos. Guardas da ss o observam, mas não o detêm. Ele consegue me levar para o barracão das crianças. Consegue me salvar. Agora estou praticamente curada da minha doença. A *kapo* me recebe como se nada tivesse acontecido. Estou salva. Foi um milagre. Continuo viva.

4

Sei que algumas pessoas talvez digam que eu era pequena demais para me lembrar. Não é bem assim. Recolhi as poucas lembranças presentes na minha mente. Enfileirei-as uma a uma. Em seguida, conectei-as aos que estavam comigo no campo e se lembravam de coisas que vivi ali. Depois, fechei o círculo inspecionando os arquivos. E registrando onde e como o meu número de matrícula aparece. Tudo se encaixa.

O campo é açoitado pela neve e pelo vento. Há dias é possível ouvir tiros de canhão ao longe. Um barulho distante e contínuo. Alguém está lutando, pensamos. Também podemos perceber isso no nervosismo dos alemães nestes últimos dias de janeiro de 1945. Birkenau está mergulhado na mais profunda desolação — não apenas a que se deve aos mortos, à fome e às privações, mas também a provocada pelo gelo, que torna tudo difícil e inacessível. A natureza está morta. As geadas noturnas fazem com que sair do barracão seja uma missão praticamente impossível. Os corpos despejados nos buracos viram pedras de gelo, seus rostos imóveis são caretas petrificadas de dor. O fim nos ronda. É o fim de tudo, o fim do mundo.

Lembro de uma imagem, não sei dizer se desse inverno ou do inverno anterior. É a de um buraco cheio de cadáveres. Os rostos estão transfigurados pela dor. Passamos ao lado deles em fila, somos todos crianças. Ninguém se assusta. Aquela imagem é algo normal para nós. Aqueles mortos, e nada mais, são o nosso cotidiano.

O definhamento é indescritível. Primeiro agride o corpo. A cada dia o deixa mais impotente. Os músculos somem. Aparecem os ossos, salientes sob uma camada de pele cada vez mais fina. No rosto, os olhos se tornam enormes, encovados sob a caixa craniana que mostra impiedosamente todos os seus ângulos. As maçãs do rosto se projetam para fora. A ruína do corpo passa diretamente para a alma, que também sucumbe dia após dia. Não consegue se manter viva. Abandona a si mesma. Tanto que a morte, em certos momentos, pode parecer uma bênção. Na verdade, nunca é, mas em certos momentos parece ser a única salvação, no fundo, o menor dos males. Deixar-nos morrer para que o vazio nos leve, livrando-nos de um sofrimento que se tornou insuportável.

Essa é a mensagem no olhar de quem ainda está vivo em Birkenau. Não aguentamos mais. Não conseguimos opor nenhuma resistência a tudo isso que nos cerca.

Entre os alemães há muita agitação. Parece que algo importante está para acontecer de uma hora para outra, mas não compreendemos exatamente o quê. A *kapo* está de olho nos movimentos dos militares. Ela também está nervosa. Entra e sai toda hora de sua sala. Dirige-se a nós com mais brutalidade do que de costume. Não tolera nada. A espera é enervante porque ninguém compreende quem ou o que exatamente está por vir. Há muitos boatos. Contam que o Exército Vermelho está prestes a nos libertar, falam de batalhas nas fronteiras com a Polônia. Ouvimos, mas já não conseguimos ter esperança. Agora estamos indiferentes a qualquer acontecimento futuro. Que a libertação chegue até nós, sim, mas que seja leve como um sopro de vento. Não conseguiremos suportar nada além disso.

Os dias se tornam ainda mais monótonos. A escuridão é a nossa normalidade. Não me lembro de choro, tampouco de risadas. Acho que essa é a experiência de todos nós aqui dentro. As mães já não vêm procurar seus filhos. Minha mãe também não me visita mais. Não aparece há alguns dias. Sem palavras, sem explicações. Simplesmente não vem mais. É assim e pronto.

O dr. Mengele também parou de vir. Desapareceu no nada. Já não temos notícias dele, de seus experimentos, de sua enfermaria com gosto de morte e cheiro de sangue. Ele não envia nem seus emissários. As últimas crianças, gêmeas, foram levadas algumas semanas atrás. Não voltaram mais. Boatos do campo dizem que morreram, seus corpos eviscerados depois de extenuantes experiências com instrumentos cirúrgicos e injeções. Seus cadáveres desmembrados e órgãos internos foram retirados e depois enviados ao Instituto de Pesquisa Biológica e Racial de Berlim para análise; o objetivo era encontrar uma diferença substancial entre o sangue dos arianos e o dos judeus. Uma diferença de raça, dizem. Uma diferença que nós, que estamos com os detentos, junto com os judeus, não conseguimos compreender. Balançamos para a frente e para trás nos estrados dos nossos barracões. Estamos cansadas, esgotadas pelos meses no campo, convivendo com morte e sofrimento. Entramos todas num estado que é uma espécie de estupor e apatia. Muitas de nós não ofereceriam nenhuma resistência se fôssemos levadas agora para a tortura.

O cansaço é grande e nos leva a graus inimagináveis de desespero e, ao mesmo tempo, de resignação. Vemos alguns adultos dos outros barracões que decidiram acabar com tudo isso. Vão para a cerca, seguram os fios eletrificados e morrem. Outros não respondem às ordens — *Parados!* — dos alemães e se deixam fuzilar. Seu único desejo é que tudo acabe. Seu único desejo é morrer.

Alguns alemães se tornam ainda mais maldosos. Nem todos os presos compreendem as ordens na língua deles. E eles parecem gritar de propósito, sem se fazer entender, para depois rir de nossas expressões interrogativas. Quem não obedece às ordens é punido. Mas que ordens? O que querem de nós exatamente? Podemos apenas intuir, imaginar, e tudo o que fazemos está sempre errado. Do nada chovem pancadas. E consideramos uma sorte que estejam nos batendo, e não nos matando.

O despertador toca sempre às quatro da manhã, apesar da escuridão, apesar do frio congelante. Com xingamentos e pauladas, temos de deixar imediatamente os beliches onde estamos deitadas. Somos empurradas para os banheiros comuns. Precisamos fazer nossas necessidades o mais rápido possível. O café da manhã, se é que podemos chamá-lo assim, é apenas para as primeiras que conseguem chegar à cozinha. É sopa de nabos: uma lavagem com alguns pedaços de nabos boiando. Em seguida começam as horas de nada, até a última inspeção da noite.

Mais uma noite em nosso barracão. A *kapo* nos intima a dormir. Quer silêncio, não admite barulho. Quando ela sai, o barracão mergulha na mais profunda escuridão. Muito ao longe ainda se ouvem alguns tiros de canhão. É nossa única cantiga de ninar. *Bum, bum*, ouvimos no frio da noite. Quem sabe o que está acontecendo lá fora? Quem sabe quem está vencendo? Quem sabe se o rugido dos canhões trará morte ou vida?

Ninguém cogita sair. Os guardas da ss ainda fazem as rondas. Sair significa ir ao encontro da morte certa. Nestes meses, vimos muitas execuções sumárias. Vimos pessoas sendo retiradas por motivos fúteis. Vimos deportados que tentaram fugir à noite. Não se sabe de ninguém que tenha conseguido. Aqui, toda morte é sem sentido. E é terrível. Todos os dias a morte está diante de nós. Algumas crianças se lembram da morte de suas mães. Aconteceram diante de seus olhos. Outras se lembram de mulheres que chegaram grávidas a Birkenau. Para elas, o fim foi imediato; foram fuziladas diante de todos. O mesmo aconteceu com os recém--nascidos que chegaram nos trens. Vários foram executados assim que desceram dos vagões, arrancados do colo das mães, outros foram mortos pouco depois e, em seguida, queimados nos fornos. Matam sem pensar. Matam sem remorso. Matam porque aprenderam que é a coisa certa a ser feita. O mundo está de cabeça para baixo. O mal é a normalidade. O bem não tem direito de existir. Lembro das execuções mais terríveis como parte da vida cotidiana.

De vez em quando, ouvimos alguns sussurros nos beliches do barracão. Alguns se aventuram a falar em voz baixa. Outros se queixam. Os espaços dos mortos foram preenchidos com a chegada de mais pessoas. Em Birkenau, vida e morte se movem num ciclo rápido, um carrossel impiedoso que não poupa ninguém.

A certa altura, as vidraças e as paredes do barracão tremem. São algumas explosões que parecem cada vez mais próximas. Mas depois voltam a se distanciar. Barulhos que vão e vêm e deixam todos agitados. São o pano de fundo destas semanas, a trilha sonora que narra o fim de Birkenau.

De repente, um guarda da ss entra no barracão pisando com força no chão. Um chicote está pronto para golpear. A *kapo* está muito atenta. E depois a ordem: "fora, todos para fora, já!".

"Por quê? O que está acontecendo? O que querem fazer conosco?", perguntam-se meus companheiros, confusos. Estávamos quase dormindo. Temos de nos levantar e sair, sem nos dar ao luxo de discutir o assunto.

"Evacuação!", a *kapo* também grita. E repete: "Saiam, rápido, todos em fila!".

Algumas crianças doentes não conseguem se levantar. E ficam onde estão. Algumas não sabem o que fazer. Não sabem se saem ou se ficam. Não sabem se é melhor fingir que estão doentes. Muitas concluem que é melhor se levantar. Muitas vezes os doentes acabam mal. Frequentemente, quem não obedece às ordens se entrega à morte.

"Talvez eu veja minha mãe", lembro de ter pensado. "Talvez eu a veja."

Está nevando muito. Grandes flocos entram em nossos olhos, pousam em nossas cabeças raspadas, cobrem nossas roupas sujas. Em pouco tempo, congelam nosso sangue e nosso coração.

Eles nos contam, uma a uma. Depois entram no barracão e contam também as doentes. Ficamos ali em pé por minutos que parecem não ter fim. Passam em revista as nossas tatuagens. Algumas crianças, prestes a desmaiar, são amparadas pelas que estão ao lado. Depois, inexplicavelmente, fazem sinal para entrarmos de novo no barracão. Entramos e subimos nos beliches, exaustas. Temos de voltar a dormir. Por que fizeram aquela inspeção? Nunca saberemos. O amanhecer logo chega. Um novo dia sem sentido está prestes a começar.

De repente, o campo é desmanchado. Os alemães começam a destruir as câmaras de gás, a Dois e a Três, que ainda estão inteiras. Ou ao menos tentam. Vários prisioneiros, os que estão mais fracos, são executados. Os corpos são amontoados por toda parte, em qualquer lugar, até fora do nosso barracão. São montanhas de cadáveres, montanhas de irmãs e irmãos nossos que não conseguiram sobreviver. Suas roupas, seus sapatos e uniformes listrados são abandonados na neve. Algumas pessoas estão reunidas perto da saída do campo, pelo menos essa é a notícia que nos chega.

Definitivamente, algo mudou. Algo novo está acontecendo. As crianças maiores trazem informações recentes. Dizem que os militares russos estão chegando. Dizem que vêm nos libertar. Dizem que os alemães pretendem ir embora com quem ainda consegue aguentar a marcha e o frio. Dizem que estão prestes a começar a marchar. Querem ir para a Alemanha, para uma terra mais segura. Em suma, pretendem fugir.

Não vejo minha mãe.

Não sei onde ela pode estar.

Dou uma espiada lá fora pelas frestas das paredes do barracão para tentar encontrá-la. Não consigo. Talvez ela também vá embora. Acho que esse é o momento mais angustiante do meu período em Birkenau.

"Ela vai embora?"

"Vai me deixar aqui?"

"Mamãe, onde você está?"

"Não consigo sobreviver sem você, não consigo viver."

Duas fortes explosões nos fazem estremecer. Saímos por alguns instantes ao ar livre. Duas grandes nuvens de fumaça sobem dos fornos crematórios. O segundo e o terceiro foram destruídos. O Kanada, quarteirão de barracões que servem de armazéns, também é incendiado. Logo descobriremos: é o fim do domínio alemão em Birkenau.

Uma marcha começa à noite, e um profundo e estranho silêncio cai sobre a escuridão do campo.

De um dia para outro, tudo se esvazia completamente. Já não há alemães. Nossa *kapo* desapareceu, evaporou no ar. Mesmo assim, ainda hesitamos. Ficamos no barracão. A neve se transformou em gelo. Lá fora há uma planície branca onde ninguém tem a intenção de se aventurar.

Para onde podemos ir?

Ouvimos vozes. Os russos estão no campo. Abriram os portões com a ajuda dos cavalos. Inicialmente chegaram quatro. Apenas quatro. Não há manifestações de alegria. Não há trombetas nem fanfarras. À nossa volta, tudo é morte e destruição. O mesmo acontece no coração dos poucos que sobreviveram e não foram levados pelos alemães.

Nenhuma criança sai do barracão. Não temos nada a fazer lá fora. Não entendemos exatamente que a libertação começou, que já não somos escravos. Não temos forças para entender.

Passa-se mais uma noite. De manhã ouvimos outras vozes. São vozes polonesas. Chegaram alguns habitantes da vizinha Oświęcim — Auschwitz para os alemães. Eles vêm por curiosidade, mas também por solidariedade. Querem nos dar comida, nos resgatar, nos ajudar. Muitas de nós levam as próprias tigelas. Os russos despejam alguma coisa nelas. Muitas tentam comer mas não conseguem segurar a colher. Assim, mergulham os dedos na tigela e os lambem. Um militar traz pão. Algumas o arrancam de sua mão, chorando, e o abraçam ao mesmo tempo.

Depois vamos descobrir o que aconteceu. As tropas soviéticas avançaram rapidamente. Em doze dias, percorreram cento e setenta quilômetros, suplantando quatro linhas de defesa alemãs e rechaçando dois contra-ataques. Os membros da SS de guarda no campo já tinham recebido ordens de destruir todas as provas de sua presença. O crematório IV já havia sido demolido em outubro de 1944. Nos últimos dias de dezembro, grupos de cento e cinquenta mulheres e duzentos homens foram utilizados para apagar os vestígios. Cobriram com mato os buracos onde foram queimados os corpos, removeram as cinzas e jogaram tudo no rio Vístula. Os alemães ordenaram até que se retirasse a areia manchada de sangue. Muitas coisas desaparecem para sempre.

Em 21 de dezembro de 1944, foram desmanteladas as redes elétricas e as torres de vigia de Birkenau. O barracão onde se despiam os prisioneiros destinados à câmara de gás adjacente ao crematório II foi removido. Os alemães, sabendo que os russos estavam nos portões, rapidamente entraram em ação, reciclando tudo o que era possível. Parte dos fornos e de outros equipamentos foi desmontada e enviada para a Baixa Silésia, para o campo de Gross-Rosen. Foram queimados os registros de chegadas, de mortes e de tudo o que se acumulava como subproduto das execuções. E também parte dos armazéns.

Foi isso o que aconteceu antes da chegada dos russos.

Seus uniformes deixavam claro que eram russos, ou melhor, que não eram alemães. São diferentes, têm uma estrela vermelha no chapéu. Além do mais, sempre que possível, esses soldados sorriem. Sorrir não é fácil para eles, porque também ficam consternados com o campo e toda a sua crueldade. Não sabem o que dizer. Não entendem a razão de tanta loucura. Ainda assim, sorriem para nós, ou ao menos tentam. Oferecem-nos xícaras de café, de leite quente, pedaços de pão com margarina, um sabor que não conheço.

Tento perguntar sobre minha mãe. Pergunto se alguém a viu.

Ninguém sabe de nada. Ninguém tem nada para me dizer.

É estranho não ver os alemães à nossa volta. Estamos livres, mas ainda não temos total consciência disso.

Alguns barracões ficaram desertos. Em outros ainda há algumas pessoas que vão aparecendo timidamente. Ao longe, dois jovens transportam o cadáver de um companheiro para uma cova. Dão-lhe uma sepultura, na medida do possível. Ainda há um pouco de vida naquele enorme território de morte.

Ouço as vozes de soldados que falam em alemão com algumas mulheres polonesas. Dizem: "peguem essa menina, porque a mãe dela morreu".

Percebo que falam de mim. Minha mãe está morta? Não consigo acreditar.

Uma moça se aproxima. Está de casaco preto de pele de foca. Toco naquele casaco, dou-lhe um abraço. É tão quente! Tão macio!

Ela me pergunta sem rodeios: "Quer vir comigo?".

Sem pensar muito, respondo que sim.

"Vai se comportar direitinho?"

Mais uma vez respondo que sim.

"Você pode cuidar dos meus gansos", ela me diz, "Que tal?".

"Sim", repito, sem compreender o que significa cuidar dos gansos.

Crio coragem e pergunto: "Você viu minha mãe? Por acaso a viu?".

Ela fica sem saber o que responder. "Os soldados estão dizendo que sua mãe morreu", ela diz por fim, e aponta para uma certa direção.

Há um monte de cadáveres a poucos passos dali. E penso que talvez ela esteja lá, sepultada sob aqueles corpos. Pela primeira vez encaro a possibilidade de minha mãe já não existir. Mas no fundo do coração não acho que isso seja verdade. No fundo ainda tenho esperança.

Há muitas mulheres como essa. Dizem que foram enviadas pelo padre de Oświęcim porque não temos mais ninguém, porque agora somos órfãs. E precisamos de uma família.

Não sei por que a moça me escolheu. Estou muito magra. Minhas pernas congeladas estão inchadas e vermelhas. Estou descalça, sem sapatos. Estou suja, imunda. Estou sem cabelo. Estou um trapo, um farrapo que mal consegue andar.

Fico em pé e começo a acompanhá-la. Depois, instintivamente, volto a rastejar. Tenho medo de que alguém me veja. Na verdade, ninguém me nota. Posso acompanhar a moça sem medo. Posso andar, embora com esforço, de cabeça erguida. Posso me deslocar em qualquer direção. Se quisesse, poderia sair do campo sozinha. Tenho esse direito, essa liberdade. As torres de vigia dos alemães estão vazias. Já não há metralhadoras apontadas para nós. Já não há cachorros latindo sem parar.

Os soldados de estrela vermelha já não se preocupam tanto conosco, mas nos observam com curiosidade, e a tudo que acontece ao nosso redor. Devem estar espantados com o que veem, uma série de barracões, quase todos abandonados. Os sinais do que houve são bem visíveis. Ao fugir, os alemães deixaram muitos vestígios do que aconteceu naquele lugar. Fugiram, mas não conseguiram apagar o horror do que fizeram.

Outras crianças são escolhidas. Outras moças de Oświęcim vieram para nos adotar. Para deixar o campo, iríamos com qualquer pessoa. Não sabemos quem são. Elas sorriem para nós. Esses sorrisos, depois de meses de escuridão, certamente nos reanimam e nos convidam a ter confiança. Mas, ao mesmo tempo, não conseguem nos arrancar da infelicidade. Somos livres, mas infelizes. O tão esperado fim da escuridão chegou, mas a luz que nos envolve é diferente da que imaginamos.

Minha luz é minha mãe. Eu queria ir embora de Birkenau com ela. Queria voltar a viver com ela. Imaginava que subiríamos no trem que nos trouxera até aqui. Que voltaríamos por aqueles trilhos juntas. Que iríamos num vagão que nos levaria à nossa Bielorrússia: um vagão normal, não mais um vagão de carga. Diante de nós, algo quente para comer e beber. As planícies polonesas passando pela janela, a nossa terra se aproximando pouco a pouco.

Viajaríamos para ver meus avós e meu irmão. Estaríamos todos juntos novamente. Entraríamos na casa de meus avós, no vilarejo em que nascemos. Acenderíamos a lareira, colocaríamos batatas para cozinhar. Tudo voltaria a ser como antes. Eu teria a adolescência pela frente. Teria de volta os anos mais bonitos da minha vida. Até meu pai voltaria da guerra. Seríamos protegidos por nosso país, louvados pela resistência. Eu correria com Michał pelos campos. Pescaríamos juntos nos riachos. Ele me carregaria nas costas quando eu estivesse cansada. Eu me deitaria na grama e respiraria a plenos pulmões o ar limpo da minha cidade. De noite, olharia as estrelas e falaria com a lua. Finalmente, brincaria com outras crianças tudo que não pudera brincar em Birkenau.

O campo seria apenas uma lembrança distante, cada vez mais apagada. À noite, minha mãe me levaria para a cama. Deitaria ao meu lado. Seguraria minha mão e cantaria uma cantiga de ninar, depois me daria um beijo. Eu cresceria junto com meus pais. Frequentaria a escola da cidade, as aulas de catecismo na igreja. Eu me apaixonaria por alguém e depois me casaria. Teria uma vida feliz, e a escuridão, dia após dia, ficaria para trás. Talvez eu até a esquecesse.

Assim seria a minha vida depois do campo de extermínio, depois do dr. Mengele e de seus experimentos atrozes. Eu sairia pelos portões de Birkenau direto para a Bielorrússia, passaria pelas torres de vigia olhando para o leste, para a minha amada pátria. As coisas deveriam ter sido assim. Assim eu imaginava o meu futuro, à noite, nos beliches malcheirosos do barracão das crianças de Birkenau.

Mas estou aqui.

Apavorada, seguindo uma moça de casaco preto de pele de foca que vai caminhando depressa na minha frente. Ela me escolheu. Sou dela. Está impaciente para chegar comigo à sua casa. Fala polonês, o que logo me leva a entender que, de hoje em diante, essa será a minha língua. O campo não existe mais, não deve existir mais. Mas a Bielorrússia também não existe mais.

Por um lado, estou aliviada: deixo Birkenau, saio daquela loucura. Por outro, meu coração está gelado. Minha mãe não está mais aqui. Não sou pequena demais para entender isso. Nunca mais terei de volta o que deixei nos bosques da Bielorrússia. Não tenho notícias do meu pai, nem do meu irmão, nem dos meus avós. Onde estão? Não sei. E essa moça certamente não pode me dar essa resposta. Devo apenas continuar sobrevivendo, como sempre fiz. Devo apenas afastar a dor que vem das lembranças. E, portanto, resistir, resistir mais uma vez.

Saio do campo a pé. Aprendi com os alemães a dissimular os meus sentimentos e faço a mesma coisa com essa moça que me escolheu. Não sorrio, também não choro. Engulo a saudade que me agride por todos os lados. A saudade da minha mãe, um espinho que me dilacera. Disfarço. Saio de Birkenau com essa moça e finjo que não sinto nada.

Meu nome é Luda, nome que meus pais me deram. Meu nome é Luda, penso, mas quem eu sou na verdade já não faz mais sentido. Percebo uma coisa: fui escolhida por ser pequena, menor do que todas as outras crianças do campo. Por causa da minha idade, é mais provável que eu esqueça, que não lembre de nada, que comece uma nova vida como se nada tivesse acontecido. Não é assim, não pode ser assim, mas a ilusão permanece. Certamente alguma coisa nova está começando para mim. Alguma coisa desconhecida que não sei aonde pode me levar.

Sob o arco da entrada de Birkenau, sob a grande torre de onde os alemães controlavam a entrada e a saída dos trens e dirigiam as operações no campo, piso na neve em que pisaram os deportados obrigados a fugir poucas horas antes. As pegadas da grande marcha, que descobrirei ter sido a marcha da morte, viraram gelo. Piso nelas tentando encontrar alguma que se pareça com a da minha mãe. Talvez não esteja morta, penso de novo. Talvez ela estivesse entre os muitos que foram obrigados a fugir.

Escorrego. Instintivamente olho ao meu redor: de onde virá a paulada dos alemães? Mais uma vez, no entanto, percebo que os alemães não estão ali. A meu lado está a moça polonesa. Ela me ajuda a ficar de pé e faz um sinal para que eu a siga. Sua casa não é longe, diz. Os gansos estão à nossa espera. Seu marido nos espera. Uma vida juntos nos espera.

Minha vida fora do campo.

5

Oświęcim, a cidade que me adotou assim que saí do campo de extermínio, tem uma longa história. Os primeiros assentamentos datam mais ou menos do século XI, num lugar que parece particularmente propício. O rio Sola, com suas águas frescas e limpas, desce dos montes Besquides para chegar ao Vístula. Com a embarcação adequada, é possível levar as próprias mercadorias para cidades distantes: Cracóvia e depois Varsóvia. Gerações de habitantes da cidade jamais teriam imaginado que, aos olhos do mundo inteiro, aquele lugar um dia se tornaria o símbolo da maior tragédia humana que já ocorreu. Que um povo vizinho se apropriaria dela e lhe daria o nome de Auschwitz. Parecia um território abençoado. Não era.

Contudo, no passado já havia alguns sinais da devastação que estava por vir, como se o destino de Oświęcim, por razões incompreensíveis, tivesse sido escrito há muito tempo. Como muitas cidades polonesas, Oświęcim tinha um histórico de invasões, sendo a mais devastadora a sueca, em 1655. Algumas décadas depois, veio a peste e um grande incêndio. Demorou quase duzentos anos para Oświęcim se recuperar. Ficou ali, suspensa no coração da Europa, à espera de tempos melhores.

A partir da metade do século XIX, esses tempos pareciam estar começando. Oświęcim se tornou um importante centro ferroviário na linha Cracóvia-Viena. A modernidade trouxe o trabalho nas fábricas: um curtume, o consórcio de fábricas de maquinários e de automóveis Praga-Oświęcim, a empresa de vodca e licores de Jakub Haberfeld, uma fábrica de fertilizantes e a de conservas de peixe Ostryga e Atlantic. E, então, a fábrica de máquinas agrícolas Potega-Oświęcim. Mas o sofrimento das inundações e dos incêndios recomeçou: em 1863, o fogo atingiu dois terços da cidade, incluindo a torre da igreja paroquial, duas sinagogas, a prefeitura e o hospital-abrigo para os pobres.

No século XX, porém, depois da anexação da Polônia ao Terceiro Reich, Oświęcim — como todo o país — se submeteu aos desejos de Hitler e de seus seguidores. Foi escolhida para a implantação de uma fábrica de morte: um dos campos de extermínio requisitados pelos nazistas. Não um campo qualquer, mas aquele destinado à maior e mais sinistra fama: Auschwitz.

Meus pais adotivos, os Rydzikowscy, moravam na periferia da cidade. Depois da invasão, o terreno que possuíam foi expropriado sem muitos rodeios. Na verdade, foi precisamente lá que os alemães decidiram construir o grande portão do campo de Birkenau, com sua torre.

É claro que eles não foram os únicos a sofrer esse destino: muitos poloneses foram privados de seus lares e obrigados a buscar acomodações improvisadas em outros lugares. Com os utensílios das casas, os alemães construíram os barracões do campo. Com os tijolos, fizeram os alojamentos dos deportados, os móveis viraram portas, e as molduras, janelas.

Já não resta nada da antiga propriedade Rydzikowscy. Agora a moça mora num pequeno conjunto habitacional de Oświęcim. Os alemães obrigaram. Na noite da minha chegada, tudo é novo e ao mesmo tempo difícil para mim. De repente, passo dos beliches do barracão das crianças para uma cama limpa, com lençóis brancos e sedosos e um travesseiro macio.

Antes de dormir, sou jogada numa bacia cheia de água e sabão. Ou pelo menos esta era a intenção: me dar um banho. Mas não estou acostumada a isso. Fico agitada, tento sair, fugir; me recuso a ficar parada e molho o cômodo inteiro. Um terremoto chegou à casa Rydzikowscy. Uma idosa, amiga da moça que me adotou, precisa vir ajudar. Tentam me segurar à força. Sinto suas mãos apertando meus braços. De algum modo, conseguem me dar o bendito banho. Elas me enxugam com uma grande toalha branca e depois me levam para a cama, mas ainda não consigo ficar parada. Estou inquieta. As duas senhoras se sentam à beira do colchão, uma de cada lado. Acham que logo vou cair no sono. Quando percebem que não, tentam me convencer. Não entendo tudo o que me dizem. Sem parar, meu olhar percorre o quarto, de um lado a outro, as pupilas como vaga-lumes piscando na escuridão das noites de verão.

Algumas horas se passam. Não consigo dormir. Estou exausta quando, com as primeiras luzes do amanhecer, caio num sono profundo, mas agitado. Assim é minha primeira noite numa casa normal. A primeira noite depois dos bosques da Bielorrússia e depois dos barracões de Birkenau. A primeira noite na casa dos Rydzikowscy.

Senhora — é assim que chamo a mulher que me levou do campo. Não consigo chamá-la de mãe e nem pelo seu nome, Bronisława. Ela mesma não me pede isso, pelo menos por enquanto. Descobrirei que é casada, mas que seu marido Ryszard ainda está num campo de trabalho alemão, no coração do Terceiro Reich. É um dos muitos poloneses que foram retirados de casa e enviados para os trabalhos forçados.

A senhora fala pouco dele, tem um jeito ríspido. Comigo tenta ser gentil e geralmente é, embora às vezes demonstre alguma dureza. Ela tem uma couraça, algo duro que a torna impenetrável. Mais tarde compreenderei muitas coisas sobre ela. Por enquanto o que vejo é apenas uma mulher autoritária que se esforça para ser o que a natureza nunca lhe permitiu: mãe.

Fala comigo em polonês, língua que logo aprendo. No campo havia muitos judeus poloneses e, de algum modo, aprendi a decifrar alguns dos seus sussurros. Então, as primeiras palavras da senhora não são completamente desconhecidas para mim: vá dormir, coma, não corra, fique quieta. São ordens mais gentis que as dos alemães, mas ao mesmo tempo são autoritárias. Submeto-me a elas também. Minha mãe me ensinou: se quiser sobreviver, desapareça, fique em silêncio e, sobretudo, não reaja. Faça o que mandam e não terá problemas.

Assim, em pouco tempo me adapto. Em silêncio, obedeço às ordens da moça e me mantenho comportada, mesmo quando a repreensão é insuportável. Muitas vezes, para conseguir o que deseja, ela ameaça me levar de volta para o campo. "Você quer voltar para lá?", pergunta. "Não bastaram as bordoadas que recebeu dos alemães?". Nessas ocasiões, não respondo nem reajo, mas, ao mesmo tempo, não sinto medo nenhum. Ela não me assusta, e nem o campo me assusta mais. Fiquei sabendo que agora está completamente vazio: o que teria a temer?

Devo dizer: depois de tudo o que passei em Birkenau, não tenho medo de mais nada. A vida, agora, parece estar andando. Entretanto, no fundo do meu coração, sobretudo à noite, sou tomada por uma saudade sutil e ao mesmo tempo terrível: "Mamãe, onde você está? Mamãe, venha me buscar!". Repito essas palavras em voz baixa, olhando as estrelas e a lua no céu por uma janela do meu quarto. "Quem sabe se minha mãe também não está olhando para elas?", me pergunto. Nunca vou me esquecer de você, mamãe. Nunca vou me esquecer de quem sou. Sou Ljudmila, sua pequena Luda.

Na manhã seguinte à minha chegada, acordo atordoada. Acabei dormindo, por fim, mas não me sinto descansada. Não sei exatamente onde estou. Depois vou me orientando: o campo libertado, a moça de casaco preto, o convite para acompanhá-la pelo caminho cheio de neve, o frio, o calor da nova casa e aquela cama macia da qual pulo como se ainda tivesse de estar presente na inspeção matinal da *kapo*. Abro um armário com raiva.

A senhora ouve que estou acordada. Não consigo me esconder antes que ela entre no quarto. Ela me chama para acompanhá-la até a cozinha e me oferece um prato fumegante. É uma sopa quente. Não sei do que é, mas o aroma é inebriante. Tomo primeiro em goles pequenos, depois aos poucos, cada vez com mais voracidade. A fome constante que eu sentia no campo volta, mas, no fim, meu estômago parece saciado. A senhora Bronisława e sua vizinha me observam a alguns passos de distância. Olham uma para a outra, satisfeitas. Meu comportamento é quase normal e, agora que fiz minha primeira refeição, a adaptação parece estar sendo rápida. Ao menos é o que elas pensam.

Contudo, a ilusão dura pouco. Depois de algumas horas, sinto uma horrível dor de barriga. Não consigo ficar em pé. Estou com febre. Fico pálida, minha pressão baixa.

A senhora fica preocupada. Acha que estou morrendo. Sai correndo e vai o mais depressa possível bater à porta de um médico da cidade. Implora que ele a acompanhe.

Ao chegarem, me encontram quase inconsciente. Estou com uma obstrução intestinal que só piora e pode ser fatal. No entanto, não sei como, conseguem fazer minha febre baixar. Em algumas horas melhoro bastante.

Ela não deve comer tanto, diz o doutor à moça. Precisa se reacostumar aos alimentos pouco a pouco. Por enquanto, deem apenas leite de cabra.

Só tem leite de cabra longe de casa. Todos os dias tenho de percorrer várias ruas a pé, com a senhora, para chegar à casa de uma dona que cria alguns animais. Gosto deles. As cabras são bem mansas, às vezes até me deixam fazer carinho. Só não suporto o gosto do leite delas. Mas, incrivelmente, apesar de ficar com vontade de vomitar quando tomo, depois não me sinto mal, pelo contrário. Com o passar dos dias, vou me sentindo cada vez melhor. Sempre me oferecem uma xícara grande de leite, de meio litro. Todas as vezes espero que tenha muita espuma, assim o volume de leite será menor. Mas a senhora vigia. E, quando vê que a espuma é demais, ordena: um pouco mais de leite. Às vezes, isso deixa o leite ainda mais intragável. Outras vezes, a senhora acrescenta algumas ervas que considera especiais. Não sei quais são. Têm um gosto amargo, mas preciso engoli-las. Não posso recusar.

O campo me deixou muitas cicatrizes. Tenho tuberculose e problemas de circulação nas pernas e nos braços. Várias vezes as feridas reaparecem. Às vezes até a tatuagem em meu braço queima. Instintivamente eu a escondo do olhar de todos. Já percebi que a senhora e sua vizinha sabem dela, sabem o que significa. Mas não dizem nada. É como se o campo, com tudo o que aconteceu lá dentro, tivesse de ser arquivado, a não ser, é claro, quando o mencionam para fazer com que eu me comporte. Mas sua escuridão, a dor que provocou, deve ser eliminada e pronto. Não é um desejo, é uma ordem. E do mesmo modo aquela tatuagem está ali, bem visível, mas é como se não existisse.

Tudo em Oświęcim, no entanto, fala do que aconteceu. Até a casa em que moramos. Era de uma família judia. E foi dada para a senhora e seu marido pelo alemães quando lhes tiraram a propriedade de Birkenau. Mas aquelas paredes ainda trazem os sinais da presença dos antigos proprietários. Na cozinha, é bem visível uma antiga menorá que a família não conseguiu levar quando foi obrigada a se mudar para o gueto de Varsóvia. No passado, as velas eram acesas no início do Shabat. Agora ninguém liga para elas. Mas a menorá está ali, em nossa casa, para dizer que o passado ainda está presente, que até aquelas paredes têm uma história de sofrimento e abuso para contar. A senhora não diz nada sobre essa família judia: eles nunca mais voltarão. A sentença foi proferida. A casa já não é deles. O destino decidiu assim. Ou melhor, a maldade dos homens.

Nossa vida passa, mas os lugares em que vivemos permanecem. A terra que a senhora e seu marido possuíam em Birkenau antes da construção do campo ainda está lá. Durante anos foi percorrida pelos deportados e pelos alemães. Lá eles fincaram os pregos dos trilhos dos trens, as travas que os unem e os mantêm paralelos. Muita gente foi morta naquela terra. Centenas de milhares de pessoas cruzaram aquele portão sem saber que no passado morava ali a mulher que me adotou, Bronisława Rydzikowska. Sem saber que, antes de Birkenau, havia ali uma normalidade. Uma casa normal, que se transformou na porta do inferno.

E assim, as paredes, o teto e até a mobília desta minha nova casa em Oświęcim falam de pessoas que não existem mais. Muito provavelmente seus proprietários foram mortos. As portas dos armários que eles abriram e fecharam nos dias de paz ainda estão ali, sendo abertas e fechadas por outras pessoas. O destino cruzou a vida deles da maneira mais cínica e horrível.

A última sinagoga remanescente de Oświęcim, a da praça Kościelny, já não é mais a mesma. Também foi arrancada das mãos de seus legítimos proprietários, despojada de todos os seus bens — os livros, as orações, os ritos, os incensos. Certamente, alguns judeus que sobreviveram a Birkenau e voltaram à cidade entram nela de vez em quando, mas o som dos antigos ritos já não consegue prevalecer. O que aconteceu é terrível demais para permitir que as coisas voltem aos seus lugares.

A moça me mantém distante dessa sinagoga. A tatuagem em meu braço leva muita gente da cidade a pensar que sou judia, e ela faz de tudo para evitar isso. Não por ser antissemita, pelo contrário: ela faz parte de uma família que aderiu à resistência antinazista, e um de seus irmãos foi fuzilado em Auschwitz, preso justamente por levar ajuda aos prisioneiros do campo. Os pais morreram logo depois da prisão do filho, respectivamente de infarto e de derrame. E ela nunca se esquece da história da sua família; tem orgulho dela. No entanto, o medo de que o inimigo volte, apesar de tudo, ou de que as perseguições possam de algum modo recomeçar é grande demais para todos, inclusive para ela. Teme por mim. E teme por si mesma.

Foi ela que me contou o que aconteceu na primavera de 1941, na saída da sinagoga. Todos os judeus de Oświęcim foram reunidos, colocados em fila, para passar por inspeções ainda estranhas para os cidadãos. Foram contados, fichados e deportados para outros lugares, a maioria para os guetos de Będzin, Sosnowiec e Chrzanów. Tentaram fazer com que aquilo parecesse a oferta de uma casa nova e mais confortável. Quase ninguém acreditou: era a primeira etapa do percurso para o extermínio.

Depois da libertação de Auschwitz, alguns regressaram. Restauraram o cemitério e transformaram a sinagoga numa casa de oração pública. Querem se reencontrar, tentar recomeçar. Pouco a pouco, contudo, a comunidade se desfaz. Não podemos ficar aqui, dizem. Não conseguimos. Oświęcim evoca espectros ainda demasiado presentes no coração de todos. Ir embora é a única solução possível, o único caminho para tentar recomeçar, para não sucumbir sob o peso das injustiças sofridas.

Apesar de todos os esforços da moça, muitas conhecidas suas me chamam de "a judia". "Como está a judiazinha?", perguntam. E o mesmo acontece com as crianças com quem começo a brincar no quintal de casa ou nos arredores: "minha mãe disse que você é judia", repetem. Tento explicar que não sou, mas continuam firmes em suas convicções. A tatuagem parece provar que eles estão certos. É a marca que me separa dos poloneses, que me torna diferente. Diante de tanta insistência, chego a ter dúvidas e pergunto à moça se ela tem certeza de que não sou judia. A contragosto, ela me lembra da minha história e também da minha mãe, que foi deportada comigo. Em geral, a senhora evitava ao máximo falar da minha mãe. Eu também deveria tentar esquecê-la.

Seja como for, alguma coisa da cultura e do espírito dos judeus que foram meus companheiros de sofrimento ficou comigo, entrou em minha alma. Tanto que, ao sair do campo, por um tempo repeti em voz alta uma palavra da tradição judaica, "Shĕma", que, quando dirigida a Deus, quer dizer "escute". É uma espécie de ladainha que as crianças recitavam dentro do barracão. E a repito ainda hoje. Já faz parte de mim.

Um dia Bronisława me pergunta por que ainda a chamo de "senhora". Ela diz que, se eu quiser, pode ser simplesmente minha nova mãe, ou pelo menos uma tia, que eu poderia chamá-la assim. Em retrospecto, consigo entender seu sofrimento. A senhora Bronisława quer ser minha mãe, deseja isso com todas as forças. Ela não tem filhos. Não conseguiu ter. No campo, escolheu uma das menores crianças que havia. Fez isso porque queria uma criança toda sua, queria preencher o vazio que a falta de filhos lhe deixara. No entanto, tenho certeza, fez isso também por amor. Pela necessidade de amar. E, de algum modo, embora seja uma mulher rígida e severa, esse amor me atingiu.

A adaptação à vida normal é muito difícil para mim. Estou sempre agitada. Depois de tantos dias me balançando no barracão do campo, não consigo acreditar que finalmente posso sair, correr, pular. Nos primeiros dias, insisto em calçar novamente os sapatos, ambos do pé esquerdo, com os quais eu estava quando deixei o campo. E também em vestir uma enorme blusa vermelha que amarrei nos ombros ao sair. Não me lembro de onde tinha conseguido aquelas coisas, mas estava acostumada com elas. No entanto, a senhora Bronisława bate o pé e joga tudo fora. Para mim, aquilo é um pequeno trauma. No início, resolvo o problema andando descalça. Demoro um tempo até conseguir usar sapatos normais, pé direito e pé esquerdo, como todas as outras crianças.

Os piores sofrimentos acontecem à mesa. Depois de me recuperar da primeira indigestão, posso comer de tudo. Mas só consigo comer com as mãos. E com muita voracidade. Assim que colocam comida no meu prato, devoro tudo de uma vez. Mastigo muito pouco, engulo os alimentos quase inteiros. Isso também é consequência do medo que sentia no campo. Havia sempre o temor de que outras crianças roubassem o pouco alimento que eu recebia, de que os alemães o tirassem de mim por despeito. Precisávamos comer o mais depressa possível, não podíamos demorar. Tanto que ainda hoje, passados tantos anos, tenho tendência a comer dessa maneira. Mas é ao fim de cada refeição que mais preciso me controlar. Tenho de reprimir a vontade de esconder no guardanapo um pouco de comida para levar comigo. A tentação é grande: ainda hoje a sinto nos restaurantes, e preciso sempre dizer a mim mesma para não fazer isso. A experiência do campo foi avassaladora demais; a pulsão de sobreviver a tudo e a todos foi muito forte. A sensação de fim iminente transformou a mim, e a todos nós, em predadores.

Nos primeiros tempos depois de Birkenau, não consigo lidar bem com muitas coisas. Entre elas, escadas. Não sei subir degraus, tenho medo. Quando chego perto, começo a rastejar. A senhora não tem muita paciência e muitas vezes se zanga. Mas depois compreende que é preciso ceder, aceitar. Comigo, impor-se nem sempre é a melhor estratégia. Ela percebe logo: quando me deixa desabafar, acabo me acalmando, fico mais dócil e propensa a obedecer.

Depois de algumas semanas, começo a ceder mais. "Se não quer me chamar de mãe, pelo menos me chame de tia", repete a senhora. Acho que é um bom acordo. E assim ela se torna minha tia, mais próxima do que era até então. E pouco depois se torna minha mãe, minha mãe Bronisława. Continua sendo autoritária, mas agora tenho certa confiança nela. De fato, não demorei a compreender que, para o bem e para o mal, essa é a minha nova família e ela é a minha mãe adotiva, a mulher ao lado da qual estou destinada a crescer.

Com o passar do tempo, aquela inquietação que me caracterizava quando saí do campo começa a diminuir. Eu me acostumo ao novo cotidiano, embora continue vivendo como se jamais tivesse saído completamente de lá: obedeço à minha mãe Bronisława sem demonstrar todos os meus sentimentos, muitas vezes em silêncio. A tática de sobrevivência que aprendi em Birkenau ainda é minha maneira de enfrentar o mundo. Um exemplo disso ocorreu numa fria manhã de inverno.

É um dia claro, mas as ruas estão totalmente cobertas de neve. Minha mãe Bronisława decide me levar para um passeio. Sempre tenho vontade de ficar ao ar livre, não gosto de brincar em casa. Ganhei uma bonequinha de presente, mas fiquei irritada e a joguei fora. Não gosto das brincadeiras comuns de crianças; minha única diversão é correr livremente, respirar fundo o ar puro, desfrutar da liberdade que o campo tirou de mim. Assim, minha mãe Bronisława amarra uma corda num trenó e me puxa pelas ruas da cidade. Junto comigo vai uma cabrita com a qual costumo brincar no quintal de casa. Seguro-a entre as pernas e lhe faço carinho. Não somos muito pesadas, não é preciso fazer muita força para nos puxar. A certa altura, minha mãe Bronisława ouve um balido, então para e olha para trás. O trenó está vazio. A cabrita e eu caímos na neve. O animal choraminga enquanto fico sentada na neve, sem chorar nem reclamar. Se não fosse o berro da cabrita, sabe-se lá até onde minha mãe Bronisława teria ido antes de perceber que eu ficara pelo caminho. Fui ensinada a me calar e a não me queixar. E é o que faço. Minha mãe Bronisława me abraça, pergunta por que nunca choro. Olho para ela sem responder, mas deixo-a acariciar meu cabelo e apoio a cabeça em seu peito. É difícil alguma coisa me comover; no fundo, mais do que vivendo, continuo sobrevivendo. E estou convencida de que, mais cedo ou mais tarde, Anna, minha mãe verdadeira, me encontrará e tudo voltará a ser como antes, quando vivíamos juntas nos bosques da Bielorrússia.

Seja como for, aprendo a amar minha mãe Bronisława, que, apesar de ríspida, faz de tudo para que eu me sinta em casa. E também tento amar seu marido, que, nesse meio-tempo, voltou são e salvo dos campos alemães. Minha mãe Bronisława é uma mulher meticulosa, perfeccionista. Procura sempre me vestir com esmero. Ela mesma faz meus vestidos e saias. Gosta de me apresentar a toda Oświęcim bem-arrumada, de cabelos bem penteados, quer que a elogiem por eu ser tão graciosa. Em casa, ela tem uma foto, recortada do jornal, de Shirley Temple, a menina dos cachos dourados. É seu modelo. Queria que eu dançasse como ela, mas isso nunca vai me convencer a fazer. Meus cachos, no entanto, são parecidos. Quando saímos, ela me apresenta às amigas como sua pequena Shirley Temple. Não me interesso por essas coisas, mas vou me acostumando. Sorrio sempre que possível. E aceito os elogios sem comentar.

Sou ótima nas brincadeiras com as crianças. No esconde-esconde, especialmente, sou imbatível. O campo foi meu professor. Lá aprendi a escapar dos olhares de todos, a me enfiar nos cantos mais impensáveis, a me tornar invisível, a passar até horas inteiras sem fazer barulho. Percebo que os gatos, quando estão assustados, também fogem para lugares inacessíveis. E dali observam o que está acontecendo fora, sem ser vistos. É o que eu faço. No fundo, brincar de esconde-esconde é ter o prazer de encontrar um lugar em que me sinto segura e do qual posso ver sem ser vista.

Um dia resolvo me esconder num barranco entre os arbustos, perto do quintal de casa. Entro com cuidado, prestando atenção para não deixar nenhum vestígio para trás. As outras crianças começam a me procurar, mas não me encontram. Depois de algum tempo, se cansam e desistem. Mas eu não saio. Fico ali, fechada no meu esconderijo. Não tenho nenhuma intenção de sair. Penso novamente em quando o dr. Mengele vinha nos pegar no barracão. Eu me enfiava embaixo dos estrados de madeira até me encostar na parede. Era impossível ele me ver. Eu fechava os olhos e falava em silêncio com a minha mãe. "Não vão me pegar", eu dizia. "Vou resistir por você". No buraco entre os arbustos, fecho os olhos e ainda falo com ela. "Você não pode estar morta", digo. "Um dia vai me encontrar e vamos ficar juntas de novo".

No final da tarde, ouço minha mãe Bronisława me chamar. Está preocupada. Não me viu a tarde toda. Ninguém sabe onde estou. Então resolvo sair. Vou ao encontro dela, que me abraça. Digo: "Você não precisava se preocupar comigo. Eu só estava brincando de esconde-esconde".

Na escola, sou muito inquieta, não consigo ficar parada. Uma hora ou outra, as professoras cedem e me deixam livre para passear, porque é impossível me manter ocupada com qualquer outra atividade. Depois da educação infantil, começo o curso primário. Para me matricular, preciso ser registrada no cartório. Minha mãe Bronisława também decide que preciso ser batizada. Mais tarde, vários indícios me fazem concluir que ela devia saber muito mais coisas a meu respeito do que eu pensava. Por exemplo, sabia que minha mãe era católica. Assim como toda a minha família de origem.

Seja como for, ela diz sem hesitação ao padre de Oświęcim que nasci numa família católica e que por isso tenho de receber o sacramento. Ela tem uma fé profunda, seu marido também. Ou pelo menos é o que eles dizem. Sua religiosidade tem um rigor que os torna severos, pessoas com sólidos princípios morais. Não me lembro do dia do batismo. Saio de lá com um novo nome, o mesmo nome com que depois sou registrada no cartório: Lidia. A partir daquele dia esse é meu nome oficial. Depois disso, para toda Oświęcim me torno "a Lidia do campo".

Não me revolto com essa mudança. Minha mãe adotiva decidiu assim, e eu aceito. No fundo, penso, de Luda para Lidia há pouca diferença. De fato, com o batismo me torno realmente sua filha. Tenho um nome que antes não tinha. Tenho um sobrenome que não é o meu. Sou polonesa. Minhas raízes russas não existem mais. Nos tempos ainda conturbados por uma guerra que destruiu arquivos e famílias, é assim que as coisas funcionam, não há alternativa. Além disso, ninguém me procurou. Ninguém apresentou nenhum requerimento a meu respeito. Minha verdadeira família não deu nenhuma notícia. Para toda Oświęcim, meus pais desapareceram. Só me resta me integrar a essa comunidade.

No entanto, o passado, e não apenas a minha mãe, está bem vivo dentro de mim. Na escola não demoram a perceber isso. Um dia, no recreio, resolvo coordenar as brincadeiras. Reúno todas as crianças ao meu redor. As professoras não estão de olho na hora, conversam sem nos dar muita atenção.

Schnell! Rápido!

A ordem em alemão sai da minha boca quase sem que eu perceba.

Schnell!

Era exatamente isso que os guardas da SS gritavam quando nos colocavam em fila fora do barracão para escolher quem iria com Mengele, ou quando reuniam os deportados recém-chegados ao campo para decidir quem iria para a câmara de gás e quem, ao menos por enquanto, podia se considerar salvo.

Meus colegas se juntam a mim na brincadeira. Não sabem o que significa essa palavra. Não sabem quais são as minhas intenções, mas obedecem. Ficam em fila, um ao lado do outro, enquanto eu, com uma vara de madeira embaixo do braço como se fosse o chicote de um guarda da SS, passo revistando todos os presentes com um olhar cruel e inquisitório. Examino cada um deles, faço--os levantar e abaixar o rosto com a vara sob seu queixo. Pergunto o nome, quantos anos têm, de onde vêm. Explico que não devem respirar, porque cada movimento em falso poderá ter consequências letais. Como se comportaram mal, metade deles acabará no forno crematório. "Não estão vendo aquela fumaça saindo daquela chaminé lá no fundo?", pergunto. "Então", acrescento, "é lá que metade de vocês vai acabar. Primeiro serão levados para a câmara de gás, onde morrerão. E depois seus corpos serão queimados. Não restará mais nada. Apenas cinzas e poeira, como essa em que estão pisando agora". Alguns riem, mas outros não. Em seguida, tomo as minhas decisões. Alguns devem dar um passo adiante na minha direção. São os que vão morrer.

"O que está acontecendo aqui?", é a voz da professora atrás de mim, assustada. Ao me virar, vejo que ela e suas colegas me observam espantadas. Suspendem imediatamente a brincadeira. Afastam-me do grupo e me perguntam o que diabos estava fazendo. Chamam minha mãe Bronisława e lhe contam tudo. Sou levada para casa. As outras crianças contam essa brincadeira a seus pais e começa um pandemônio. Os pais acham que sou perigosa, que posso ensinar seus filhos a se tornarem assassinos.

Minha mãe Bronisława está furiosa: "Por que você me envergonha desse jeito?". Ela me põe de castigo. "O que você viveu no campo de concentração não existe mais", me diz.

Como sempre, aceito suas decisões, seu castigo. Mas, por mais exemplar que seja por fora, por dentro não me sinto afetada por suas tentativas de me disciplinar. Não tenho medo de nada. Sou a Lidia do campo. Atravessei o inferno. Saí dele viva. *Schnell! Schnell!* O grito dos alemães continua o dia todo ecoando em mim. Compreenderei que tenho muito mais marcas do que imaginava. Não significa que, de vítima, eu tenha me transformado em carrasco. Impossível. Mas as palavras dos carrascos passaram a ser uma espécie de segunda pele para mim. Gostando ou não, fazem parte de mim.

Só tem uma coisa que eu não trouxe comigo do campo: a mesquinhez. As professoras percebem isso. Minha mãe adotiva me manda para a escola sempre com um sanduíche. Ao contrário de quando estava no campo e engolia a pouca comida que encontrava sem dividir com ninguém, na escola, divido com os colegas que querem. Descubro a alegria de compartilhar, algo que nunca sentira. Talvez seja um ensinamento que, mesmo sem querer, minha mãe de verdade me deixou. Quando encontrava comida, ela logo trazia para mim, deixava de comer para que eu comesse. Evidentemente também herdei esse costume. E a escola percebe.

Minha mãe Bronisława fica contente com isso. Embora me diga: "Cuidado para não ficar sem comida".

Nas manhãs frias, muitas vezes chego à escola atrasada. Os invernos na Polônia podem ser rigorosos. Neva demais. E eu não consigo resistir ao chamado da neve. Antes de entrar na aula, corro para uma pequena colina ao lado da escola. Minha pasta se transforma em trenó. Escorrego várias vezes até o pé da colina. Em muitos dias chego à escola encharcada. Por sorte, as professoras, embora severas, sabem o que foram os campos de extermínio e sabem da minha história, então tentam ser compreensivas comigo. Tiram minha roupa e a colocam para secar numa grande estufa. Aceitam a minha vivacidade e tentam conviver com ela. É o que também faz minha mãe Bronisława.

Estou feliz por ter uma mãe, como todo mundo. Quando estou com meus colegas de classe, até a chamo de "mamãezinha". E chamo o seu marido de "papai". No fundo também me dou bem com ele. Os melhores momentos são quando saímos juntos, ele me carregando nos ombros. Vamos até o rio. As águas são limpas. Há muitos peixes. Lançamos as linhas presas nas varas de pescar. Que emoção quando o pequeno anzol afunda na água, que emoção trazer à margem algum peixe. São dias despreocupados, que me ajudam a me sentir parte de uma família. Nunca esqueço minha verdadeira mãe, Anna, meu pai Aleksander, meus avós, meu irmão Michał. Mas, com o tempo, suas figuras vão ficando mais apagadas, a saudade se torna menos urgente.

Quando vamos ao rio, outras crianças sempre nos acompanham e passamos dias inteiros ao ar livre. Oświęcim logo se torna um lugar amigável. Logo passa a ser meu lar. Às vezes minha mãe Bronisława costura roupas e dá de presente a outras crianças. Quando ela faz isso, percebo que sinto ciúmes.

* * *

Depois da guerra, a vida em Oświęcim de repente tem de lidar com a incômoda presença dos dois campos de extermínio — Auschwitz de um lado, Birkenau do outro, um pouco adiante. O "meu" campo, Birkenau, continua ali depois da libertação, com um destino suspenso. Ninguém sabe exatamente o que fazer com ele. Os portões são abertos. Ninguém os vigia. Ainda não há a necessidade de memória, de preservar as provas do que aconteceu como um alerta. O mal está perto demais para ser digerido, para que se possa falar dele. Ainda assim, o campo ainda está de pé. Lá estão os barracões, a cerca de arame farpado, os fornos crematórios destruídos. Lá está a torre de entrada em que os guardas da SS vigiavam os vagões. Lá estão as plataformas onde os deportados eram separados em duas filas, uma da morte, a outra da vida. Agora estão vazias e silenciosas, como as pegadas das trilhas e dos caminhos percorridos pela SS e pelos detentos. O panorama, além das ruínas dos fornos, é sempre o mesmo. Árvores, e depois campinas, separam a construção do Vístula, o rio ao qual os presos sonhavam chegar. Significava a liberdade, a fuga dos alemães. Ainda está tudo lá, um monstro esvaziado de sua alma.

Meu tio, irmão de minha mãe Bronisława, é dono de um terreno que faz fronteira com Birkenau no qual construiu uma casinha. De vez em quando vou até lá com outras crianças. É muito fácil pular o muro e entrar no campo. Nas primeiras vezes, fico hesitante. Vejo de longe o meu barracão, o lugar onde sofri por tantos meses. Me sinto atraída por ele, mas ao mesmo tempo assustada. Até que um dia algumas crianças me chamam lá de dentro: "Lidia, você não vem?". Parecem conhecer bem o lugar. De fato, descubro que talvez eu seja a única criança de Oświęcim que ainda não pôs os pés ali depois da libertação. Para aquelas crianças, o campo é um lugar como outro qualquer, onde podem brincar sossegadas de esconde-esconde, pois faz tempo que os adultos já levaram tudo o que havia lá.

Pulo o muro e entro. Perguntam se quero brincar também. O chamado é irresistível. Pouco a pouco, o campo volta a ser um lugar familiar para mim também. Exploro cada um de seus cantos. Entro em diversos barracões, até no meu. Toco nos desenhos deixados nas paredes pelas crianças, corro, pulo nos estrados onde antes só podia ficar sentada, balançando para a frente e para trás. A emoção logo passa, os barracões já não me dão medo. Minha principal diversão é subir nas guaritas e olhar para baixo como antes faziam os alemães.

Delimitamos o campo para o esconde-esconde. Sempre ganho aqui também. Sei me esconder em lugares que ninguém imaginaria que existem. Fiz isso durante meses e continuo fazendo até hoje. Revejo o caminho pelo qual minha mãe se arrastava até o meu barracão. Tenho a impressão de revê-la, a jovem Anna que fez de tudo para me manter viva a seu lado. De vez em quando vou até o lugar onde ficavam os fornos. E até as plataformas onde pela última vez vi meus avós e Michał. Mas em seguida volto para brincar. Já não tenho lágrimas. Só vontade de viver.

É claro que me lembro do frio dos meses de inverno. Agora é verão e, em volta dos barracões, o mato cresce alto junto a flores do campo. O sol aquece a terra. Parece impossível tanta luz, tanta explosão de vida. Tudo parece ter acontecido diante da total indiferença da maioria. Onde havia fedor de carne queimada, a natureza retomou seus espaços e domina soberana. Sirvo de guia para algumas crianças. Explico quem ficava nos barracões, para que serviam as guaritas, a grande torre da entrada, os trilhos com os vagões de mercadorias que entravam no campo. Revivo tudo aquilo que vivi. Para elas, passo a ser de fato a primeira testemunha.

Falo daquilo como uma criança é capaz de falar: com simplicidade e, ao mesmo tempo, com verdade. As crianças não sabem fazer concessões. Contam o que sabem, o que viram, o que viveram.

Talvez por isso, ainda hoje, quando me perguntam se acho certo levar crianças para visitar Birkenau e os outros campos de extermínio e de concentração, respondo que sim. Sei que muitos pais preferem levá-las apenas depois de crescidas e respeito essa escolha. Mas, ao mesmo tempo, não acho que ver o que aconteceu seja prejudicial às crianças menores. Ao contrário, pode ajudá-las a compreender a que abismo o ser humano pode chegar. A que nível de crueldade. Lá dentro viveram crianças como elas. Viram o mal de frente, tiveram de lidar com ele. Hoje não há nada a temer, mas o dever de recordar vale para todos. Saber, conhecer, pode ser decisivo para as gerações futuras. O antissemitismo não me parece uma praga extinta. Ainda hoje seus germes estão vivos na nossa Europa. Para que aquele horror não se repita, precisamos de mulheres e homens que tenham desenvolvido uma consciência crítica, que saibam se rebelar contra quem fomenta o ódio e a segregação. Que saibam acolher todas as diversidades, que saibam ser pessoas de amor e de vida. Para formar esses cidadãos, é preciso agir quando ainda são crianças. Não apenas contar, mas também mostrar. Uma visita a Birkenau na infância pode se tornar uma espécie de farol em suas vidas, um testemunho que jamais poderá ser ignorado. É assim que eu penso.

Recentemente fiquei emocionada com as palavras da escritora judia Edith Bruck. Ela conta que, anos depois da deportação, voltou à sua cidadezinha na Hungria. Foi por volta dos anos 1980. Levaram-na para visitar uma escola. Todas as crianças usavam uma fita vermelha; na época, o Partido Comunista ainda estava no poder. Leram em voz alta um trecho do seu livro sobre a Shoah e depois ela perguntou à classe: "O que vocês sabem da história da

cidade?". Uma menina se levantou e respondeu: "Havia uma senhora muito rica, judia, que morava perto do cemitério, e um dia
vieram algumas pessoas" — a menina não sabia dizer quem eram
— "e lhe disseram para ir embora". Em entrevista, Bruck disse:

> Foi isso que ensinaram às crianças. Nada. Ninguém sabia que tínha-
> mos sido deportados, perseguidos. Que os que tinham vindo nos
> prender eram alemães e que o objetivo daqueles alemães era nos
> exterminar. Não é de admirar que agora na Hungria os judeus sejam
> insultados na rua. Que aquelas histórias horríveis tenham voltado.
> Sobre judeus ricos, sobre judeus que dominam o mundo. Que exista
> esse antissemitismo feroz. Escrevi este livro porque acredito que
> é muito mais importante lembrar hoje do que sessenta anos atrás.
> Uma nuvem sombria está voltando à Europa.

Hoje, alguns barracões de Birkenau não existem mais, foram
demolidos. Na verdade, serviram para construir muitas das casi-
nhas que agora surgem em torno do campo, inclusive a do meu
tio. Os poloneses estão tomando de volta o que os alemães lhes
tiraram tempos atrás, quando expropriaram e demoliram suas
habitações para construir os barracões para os deportados. Por
sorte, nem tudo está sendo arrancado do campo. Por sorte, a
maior parte das suas estruturas está sendo mantida. É o caso do
meu barracão: encontro os desenhos feitos na parede central,
creio que por alguns deportados judeus chegados de Varsóvia
nos últimos meses antes da libertação. Reencontro aquele cheiro
de mofo e de morte. Reencontro os sinais de uma vida de reclusão que continuará sendo, para sempre, a parte mais sombria da
minha existência.

Os anos 1950 em Oświęcim são simples e belos. Não há carros na cidade. Há muita pobreza, mas ninguém é triste. De vez em quando minha madrinha de batismo vem de Cracóvia para me visitar, mas sempre conduzida de carro pelo marido. Quando chegam, toda Oświęcim se reúne para ver aquele veículo que evoca sonhos e fugas impossíveis.

Todos andam a pé, alguns de bicicleta; quando várias pessoas têm de ir juntas a algum lugar, usam carroças puxadas por cavalos. As mulheres passam muitas horas lavando roupa no lavadouro público. Lá elas falam de tudo e de todos, trocam confidências. Muitos homens trabalham nas pequenas fábricas da região e, no tempo livre, quase todos se encontram para jogar baralho ou se sentam na frente de casa para conversar com quem passa. São bem poucos os que viajam para fora de Oświęcim; nenhum conhecido meu jamais cruzou a fronteira da Polônia. As crianças inventam vários tipos de brincadeiras. A natureza é nossa amiga e nos ajuda: subimos nas árvores, atravessamos os riachos, corremos pelos campos, perseguimos as lebres e os faisões. Nossa brincadeira preferida é descer das colinas usando sacos como se fossem trenós, escorregando pela grama no verão e pela neve no inverno. Às vezes, com um elástico, brincamos de criar formas novas e de passá-lo de mão em mão. Ou então simplesmente nos divertimos brincando de pega-pega.

Nas sextas-feiras à noite, vamos todos à igreja para uma oração comunitária. Há duas igrejas em Oświęcim, uma na praça principal, outra mais isolada e voltada para a comunidade salesiana. Os sábados são dedicados a lustrar os sapatos para a missa dominical, da qual toda a cidade participa — as mulheres nos bancos e a maioria dos homens do lado de fora, no átrio. Minha mãe Bronisława procura me vestir da melhor maneira possível. Quando o bispo vem, eles me escolhem, junto com outra menina, para lhe entregar flores de boas-vindas na escadaria da entrada da igreja. Minha mãe Bronisława me olha com orgulho, sou sua pequena princesa.

São dias de grande solidariedade. Não há muita riqueza em circulação, as consequências da guerra ainda estão presentes. Mas todos compartilham o pouco que têm, farinha, açúcar, alguns ovos. Havia um encanto naquela época que é difícil de explicar hoje.

Como meus pais adotivos são muito religiosos, rezamos juntos à mesa do café da manhã e à noite, de joelhos diante de uma imagem de Nossa Senhora. Cresço na fé católica como eles desejam, mas ciente de que aquela crença é a mesma dos meus pais verdadeiros.

Nunca interpretei o catolicismo como o pertencimento a uma comunidade à parte ou melhor do que as outras. Para mim, sempre foi a oportunidade de aprender o oposto do que era a ideologia do campo, a partilha, o amor ao próximo, o Evangelho das bem-aventuranças — segundo o qual somos todos iguais aos olhos de Deus. Essa é a minha fé e ainda hoje quero testemunhá-la contando os desvios do seu oposto: o horror nazista e sua fúria homicida.

Entre as muitas crianças da região, tenho a minha amiga preferida: Lusia. Ela é judia, mas ninguém sabe muito mais sobre suas origens. Esteve comigo no campo, nos conhecemos em Birkenau. Me lembro dela nos beliches, balançando para a frente e para trás, resistindo como eu. Também foi adotada por uma família que mora perto da nossa casa. Passamos muito tempo juntas, temos a mesma idade. Uma tarde, depois da escola, desço ao pátio pensando em encontrá-la ali, como sempre. E, de fato, ali está ela, mas não sozinha. Está sentada no colo de uma moça que nunca vi antes. A mulher acaricia seus cabelos, Lusia sorri para ela um pouco embaraçada. Fico petrificada por vários minutos. Não consigo tirar os olhos daquela cena.

Percebo que aquela é a mãe biológica de Lusia. Procurou por ela e a encontrou. Quem sabe de qual país distante ela veio? E ainda assim conseguiu. Superou fronteiras, obstáculos e dificuldades para reencontrar a filha.

Aquele abraço delas abre dentro de mim um vazio que não consigo decifrar exatamente. Começo a chorar sem saber muito bem por quê. E de repente me pergunto: "E minha mãe? Ela não vem me buscar?".

Peço explicações para minha mãe Bronisława: "Por que minha mãe Anna não vem me procurar?". E várias vezes despejo palavras cruéis, as palavras de uma menina ferida: "Você é muito feia, minha mãe verdadeira era linda e tinha os cabelos longos, era diferente de você".

Minha mãe Bronisława chora. Diz que sou uma menina má, ingrata. E me aconselha a ficar com o coração em paz: "Infelizmente, sua mãe não está mais aqui!".

Na verdade, não é que eu seja ingrata, mas a separação de minha mãe não é uma ferida fácil de fechar. Vive sempre dentro de mim. E mais: embora todos digam que ela morreu, continuo convencida do contrário. Não vi seu cadáver antes de deixar o campo. Havia um monte de corpos amontoados fora do barracão das crianças, mas não me lembro de tê-la reconhecido. Claro, era impossível reconhecer todos os rostos naquele emaranhado horrível, mas em minha mente tenho a sensação viva de que ela conseguiu se salvar, de que partiu de Birkenau numa das últimas marchas guiadas pelos alemães. Sentia que tinham me dito que ela estava morta apenas por não saberem o que dizer. E que agora ela está viva. Só não consigo explicar por que não vem me buscar.

Com o tempo, fala-se cada vez menos de minha mãe Anna. Mas pequenos sinais me levam a crer que a morte dela é um desejo de minha mãe Bronisława, não um fato comprovado. Ao mesmo tempo compreendo que, se ela está viva, sou eu que devo fazer alguma coisa para encontrá-la. Mas não é fácil.

Em casa, de vez em quando ligam o rádio, e um dia ouço um programa em que são transmitidos os apelos de algumas famílias que buscam seus entes queridos que desapareceram depois da Shoah. Acham que ainda estão vivos em alguma parte do mundo e querem reencontrá-los. Será que algum dia, entre essas vozes, também ouvirei a de minha mãe Anna?, me pergunto. E ligo o rádio com cada vez mais frequência, na esperança de que algo tão desejado possa se tornar realidade.

Um dia, alguém bate à porta. Minha mãe Bronisława abre. É uma vizinha, fala em voz baixa. Procuro chegar perto sem que percebam. Ouço algumas palavras que me fazem perder o ar: "No rádio", diz a vizinha, "acho que ouvi que alguém está procurando sua Lidia". Minha mãe Bronisława não responde, simplesmente faz sinal para que ela se cale, para que não diga nada, e a manda embora.

Agora sei da verdade. Alguém está me procurando. Não sei se é minha mãe Anna, mas, de qualquer forma, há alguém me procurando. Minha vida, porém, continua como antes. Hoje, quando penso naqueles dias, acho que não devo recriminar minha mãe Bronisława e de certo modo a justifico: ela tinha medo de me perder. Mas na época só penso numa maneira de me reunir com quem está procurando por mim. Devo ficar atenta, ligar as antenas, porque mais cedo ou mais tarde vão me encontrar, penso. Em casa, mantenho a mesma atitude de respeito e submissão de sempre. Apenas de vez em quando deixo escapar algum comentário maldoso: "Você é feia, minha mãe era lindíssima".

Passam-se meses e depois anos. Agora sou adolescente. Ajudo em casa, principalmente na limpeza. Falo polonês fluentemente, me sinto polonesa. Nunca mais soube nada de minha mãe

Anna. Às vezes me convenço de que não estavam falando de mim naquele programa de rádio. Talvez estivessem procurando outra menina, a vizinha deve ter se enganado. Um dia entro no quarto de minha mãe Bronisława para arrumá-lo e vejo um envelope numa gaveta aberta, no meio da roupa de cama. Pego-o sem pensar muito. Está aberto e traz o timbre da Cruz Vermelha Internacional. Dentro há uma folha de papel, também timbrado. Poucas linhas já são uma punhalada em meu coração: perguntam se na casa há uma criança chamada Ljudmila Boczarow. Ljudmila, meu nome russo. Boczarow, o sobrenome de meus pais biológicos. Não está escrito que minha mãe Anna está viva. Nem que meu pai Aleksander está vivo. Não há nada mais escrito. Não é possível saber quem está procurando por mim, mas alguém está. E para mim isso é suficiente.

Rapidamente ponho a carta de volta no lugar. Saio do quarto e, quando minha mãe Bronisława chega, não falo com ela sobre o que vi. Resolvo não compartilhar aquilo com ninguém. Tenho medo de que ela fique com raiva, não quero brigar. Basta saber que alguém está me procurando, só preciso ter esperança de que minha mãe Anna talvez esteja viva. À noite, na cama, fecho os olhos pensando nela. E sonho com o dia em que poderei abraçá-la de novo. Mais cedo ou mais tarde deverá acontecer. Tenho apenas catorze anos e, apesar de tudo que vivi, não tenho forças para fazer nada além de sonhar. E não me esqueço de que devo respeito e gratidão a minha mãe Bronisława, que me deu uma casa depois do campo de concentração. Estou bem nesta casa. Oświęcim agora é a minha família. Se fosse embora daqui, não saberia para onde ir. Na Bielorrússia, morávamos nos bosques. Além disso, caso minha mãe esteja viva, onde ela está?

Na escola me dizem que agora a Bielorrússia faz parte da União Soviética. Que é governada por Stálin. A cortina de ferro separa a

Europa ocidental da oriental. Não é possível atravessá-la. Quem está do lado russo não pode passar para o outro lado, a não ser clandestinamente. A comunicação não é possível. Do lado russo está também a Polônia, que no fim da guerra passou, em poucos anos, do domínio nazista ao comunista. Nenhum dos países que ficaram atrás da cortina de ferro é livre. Nós não somos livres. Nessas condições, penso, mesmo que minha mãe esteja viva, será uma tarefa impossível me encontrar. Talvez por isso a Cruz Vermelha tenha interferido. Talvez por isso a pessoa que está me procurando tenha recorrido a uma organização internacional neutra. Começo a entender em que mundo e em que situação me encontro. Começo a estudar e a me informar. A situação política em que estou mergulhada me parece agora muito mais clara, mais definida.

A certa altura, alguns colegas de escola me oferecem ajuda. Já não sou uma criança. São eles que ficam admirados por eu não procurar minha mãe. Sabem que sou a Lidia do campo. Conhecem minha história e sabem muito bem que minha mãe Bronisława não é minha mãe biológica. "Então por que você não se mexe?", me perguntam. Para me incentivar, me dão alguns endereços de centros de busca em várias cidades da Polônia. Nesses lugares, eu poderia deixar meu nome para verificar se estou sendo procurada por alguém em outros centros, talvez em outras regiões ou até em outros países. Decido agir sem contar nada a minha mãe Bronisława. Não quero assustá-la, não quero que pense que vou embora. Até porque não é essa a minha intenção. Só desejo saber o que aconteceu com minha mãe Anna, só isso. E, se estiver viva, quero voltar a abraçá-la.

No centro de buscas de Cracóvia, a maior cidade nas proximidades de Oświęcim, sugerem que eu escreva à Cruz Vermelha Internacional, cuja sede é em Hamburgo. Mais uma vez a Cruz Vermelha. Eu talvez estivesse no caminho certo. Deixo como

endereço para correspondência o do centro de buscas. Passam-
-se alguns meses e inesperadamente chega uma primeira resposta. Telegráfica, diz simplesmente que me encaminharão algumas
pesquisas. Meu coração se alegra. Há alguém na Alemanha que
se empenha por uma desconhecida, por uma jovem bielorrussa
abandonada na Polônia.

Por muitos anos tinha vivido com a suspeita de que minha mãe
não está morta. Agora tenho um meio de verificar.

No entanto, minha mãe Bronisława não é ingênua. Sabe ler
nas entrelinhas de meus pensamentos, sabe perceber coisas que
acho que ela não tem como saber. Entende que estou tramando
algo, e não tem dificuldade em verificar. Um dia me enfrenta diretamente: "Eu sei o que você está fazendo".

"Como pode saber?", respondo.

"Eu sei, e pronto". Depois me pergunta: "Isso significa que
você quer me deixar?".

Respondo: "Não. Significa que quero saber a verdade".

Ficamos em silêncio. Não sabemos mais o que dizer. É ela
quem quebra o gelo: "Por que não me disse nada? Eu poderia
ter te contado tanta coisa. E tudo teria sido muito mais simples,
principalmente sabendo que você não quer me deixar".

Nós nos abraçamos e me sinto aliviada. Ela me descobriu, mas
aceitou. Não menti. Desejo de todo o coração voltar a abraçar
minha mãe, ou pelo menos saber o que houve com ela, mas ao
mesmo tempo sinto que não quero fugir da Polônia, que o campo
e Oświęcim misteriosamente se apoderaram de mim. Acho que
minha mãe Bronisława me escondeu todas as coisas sobre minha
mãe Anna, as notícias do rádio, a carta da gaveta, só por medo de
me perder. Não para me impedir de querer a verdade. Durante muitos anos, simplesmente viveu com medo da possibilidade
de ficar novamente sozinha.

Agora é ela quem me ajuda com a Cruz Vermelha. Está do meu lado. Vai comigo quando me pedem que fotografe minha cabeça, depois uma orelha, e que lhes envie amostras do meu sangue. Em Hamburgo querem fazer as coisas como se deve, não querem cometer erros.

Passam-se alguns meses. Começo a perder um pouco as esperanças, porque a espera me parece longa demais. Mas, justamente quando acho que tudo está perdido, recebo uma carta de Hamburgo. Antes de tudo, a Cruz Vermelha me avisa que não há notícias de meu irmão Michał. Seus vestígios, infelizmente, acabam em Birkenau. E depois escrevem estas palavras, que me deixam sem fôlego: "Não é como a senhorita pensa, sua mãe não está morta. Mora na União Soviética. Ela também a está procurando desesperadamente há anos e, para identificá-la, informa por todos os lados o número da tatuagem que fizeram em seu braço".

Parece que encontraram nos arquivos especiais as informações do transporte de minha mãe Anna do campo de Auschwitz para o de Bergen-Belsen e da subsequente e inesperada libertação. Então a procuraram através da Cruz Vermelha na Rússia e a encontraram.

Fico sem saber o que dizer. Tenho sentimentos conflitantes. Apesar do que li na carta, me pergunto por que ela não fez de tudo para me procurar, já que realmente está viva. Talvez não precise de mim. Talvez não me ame como eu a amo.

6

Viver na Polônia depois da libertação não é fácil. Mas só adulta terei consciência de que também não é fácil viver em grande parte dos países vizinhos, incluindo a União Soviética.

O grande terror da guerra não termina em 1945. Infelizmente é um caminho longo. A derrota alemã não abre cenários paradisíacos, mas sim, pelo menos para uma parte da Europa, horizontes ainda marcados pela escuridão e pelo sofrimento. O cerne de tudo isso é a Europa central e, com ela, a União Soviética. O Exército Vermelho libertou os campos alemães, mas ao mesmo tempo levou muitos poloneses, obrigando-os a voltar à pátria sem a possibilidade de se mudar, de viajar. Os que se rebelam contra o novo regime são deportados para outros campos de concentração, os gulags soviéticos. E lá também há morte e desespero. Um manto de opressão faz parte do cotidiano. Os regimes comunistas dos países em torno da União Soviética lhe devem respeito e obediência. Depois da sombra de Hitler, cresce a de Stálin, a de Moscou, nesta parte da Europa. Polônia, Tchecoslováquia, Hungria, Romênia e Bulgária caem num novo pesadelo.

Os maiores apartamentos das cidades de Moscou e São Petersburgo são transformados em moradias comunitárias. E a mesma coisa acontece nas outras cidades soviéticas. Mais uma vez, como em Oświęcim antes da construção do campo de Birkenau, muitas casas são expropriadas. Na União Soviética, contudo, não são destruídas, mas reutilizadas. São chamadas de *kommunalki*, apartamentos projetados para otimizar a disponibilidade de moradias. Os antigos proprietários ficam apenas com um cômodo para sua família e suas coisas. Todo o resto é dado a estranhos. A área de serviço e a cozinha são comunitárias. A ideologia soviética muda o cotidiano de uma geração inteira. A pobreza e a miséria passam a fazer parte da vida de muitos.

O regime rejeita qualquer manifestação de luxo. Nenhum tipo de abundância é permitido. O bum que está começando do outro lado da cortina de ferro, na Europa ocidental, é visto aqui como o mal absoluto. Na verdade, as pessoas desejam subir na escala social, alcançar um nível de vida diferente. Mas o regime impede qualquer iniciativa. Neste lado do mundo, não há lugar para os sonhos. Muitas vezes falta até comida. Para quem viveu as restrições dos campos de extermínio, a vida na União Soviética e nos países de sua órbita parece uma segunda farsa, embora nada, obviamente, seja comparável aos campos alemães.

Ao voltar à União Soviética, minha mãe está em péssimo estado. Tem 1,74 de altura e pesa apenas 37 quilos. Ainda assim — como depois descobrirei —, após algumas semanas de cuidados médicos intensivos, decide partir para Oświęcim na esperança de me reencontrar. No entanto, o Exército Vermelho informa que todas as crianças de Birkenau foram enviadas para orfanatos da União Soviética. Milagrosamente, lá ela reencontra meu pai. De fato, como muitos casais, eles tinham combinado que, se sobrevivessem à guerra, se encontrariam em Minsk, sob um monumento em determinada hora. E lá se reencontram. Juntos, começam a me procurar em todos os orfanatos do país. As buscas, porém, são inúteis. Desanimados, decidem partir para Donetsk, onde encontram abrigo na casa dos pais de meu pai. O sofrimento não termina aí. O regime soviético suspeita que minha mãe seja uma espiã nazista, pois consideram impossível que tenha sobrevivido ao campo. Mas ela não se deixa abalar. Contesta essa tese e continua a me procurar. Escreve algumas cartas à Cruz Vermelha e ao Crescente Vermelho de Moscou pedindo notícias minhas. O único sinal de identidade que possuo é o número tatuado em meu braço no campo: 70 072. Contudo, durante anos, não recebe nenhuma notícia.

Quando o primeiro telegrama de minha mãe chega, já sou maior de idade. Ela me pergunta onde estou e quem cuidou de mim. É um telegrama de poucas palavras que me tira o fôlego. Eu esperava uma longa carta, com explicações. Não há nada disso. Apenas dois meros pedidos de informações.

As respostas que ela pediu são simples, mas num primeiro momento não sei exatamente o que dizer. Não sei ao certo se do outro lado está minha mãe Anna, que me criou na Bielorrússia e me protegeu no campo de Birkenau. E me pergunto: será que ela realmente me procurou com tanto empenho? Afinal, quando a procurei, consegui encontrá-la. Consegui mobilizar a Cruz Vermelha até obter informações corretas a seu respeito. E ela, enquanto isso, o que fez? Por que nunca voltou à Polônia? Por que não moveu céus e terras para saber o que acontecera comigo? Por que esses anos de silêncio?

As dúvidas me assombram e tenho certo ressentimento. Minha mãe Bronisława me criou, me amou. Por que, apesar das dificuldades de atravessar as fronteiras, minha mãe Anna não tentou vir nem uma vez a Birkenau? Certamente sabia que o campo tinha sido libertado. Tinha conhecimento de que muitos dos que ficaram lá sobreviveram. Então por que não fez nada? O que a impediu de agir?

Os amigos de Oświęcim me incentivam a ver o lado positivo. "Você reencontrou sua mãe. Deveria ficar feliz com isso." E tentam me animar.

A verdade é que me sinto destroçada. Me sinto traída. Em Birkenau, minha mãe Anna fez de tudo para me manter viva, mas depois, terminada a guerra, ficou longe. Por quê? Uma mãe pode se esquecer de sua filha?

Minha mãe Bronisława também não está totalmente tranquila. Mas sua preocupação não é com minha mãe Anna, e sim comigo. Sabe que a ameaça da qual tentou se defender durante anos agora é real: minha mãe biológica pode me levar embora. Aliás, ela tem direito a isso. Bastaria um passo para impedir que tudo isso aconteça legalmente: casar-me com um cidadão polonês antes de pisar na União Soviética.

Arthur Maksymowicz tem a minha idade. É um vizinho. A mãe dele é amiga de minha mãe Bronisława. Juntas, as duas decidem que Arthur é perfeito para me ajudar a estudar matemática. É uma matéria um pouco difícil para mim, ele vai bem na escola e pode me dar aulas particulares.

É um jovem gentil, uma companhia agradável. Percebo que ele gosta de mim, mas no começo não imagino que tenha a intenção de se tornar meu noivo. Também não imagino que sejam essas as intenções de nossas mães. Quando me dou conta de que são, não reajo. Aceito que as coisas tomem o rumo que elas desejam.

O que mais eu poderia fazer? Em Oświęcim, assim como em toda a Polônia, não são poucos os casamentos arranjados. É uma prática aceita por muitos. E também por mim.

O casamento acontece pouco depois. Precisamos nos apressar. Minha mãe Anna está cada vez mais próxima. Apesar das dificuldades de deslocamento para o leste da cortina de ferro, o momento de nos reencontrarmos parece iminente. E ela poderia exigir que eu deixasse a Polônia.

Lembro bem pouco daquelas semanas de noivado. Além das horas que passamos às voltas com os livros, Arthur e eu não namoramos de fato. Nenhum carinho, nenhum beijo, nenhum diálogo capaz de me revelar os sentimentos do homem com quem estou prestes a me casar. É uma coisa horrível de dizer, mas é verdade: não estou apaixonada. E, no entanto, Arthur é o homem com quem estou destinada a passar o resto da minha vida. Como posso subir ao altar sem medo, sem revolta? Pois bem, recorro à minha determinação. É difícil explicar, mas naquela época uma jovem como eu, retirada de Birkenau e salva, não podia se rebelar. Não podia questionar, exigir, querer alguma coisa. Devia apenas obedecer. E eu obedeço, apesar de saber perfeitamente que Arthur não me fará feliz. Poderá ser um bom marido — e de fato será —, mas o casamento com ele não será o caminho para a minha felicidade, para a minha realização pessoal. Não se trata de resignação, é apenas realismo. E a partir daquele momento passo a ser Lidia Maksymowicz.

Tenho vinte e um anos quando, em dezembro de 1961, no dia de Santo Estêvão, celebramos as núpcias. É um dia frio, como muitos que vivi no campo quando pequena. Há neve nas ruas. Eu me sinto inchada em meu vestido branco, um pouco desajeitada. Todos me dizem que estou muito bonita. E de fato estou, pelo menos me vejo assim. Estou parecida com minha mãe Anna. Minha mãe Bronisława está radiante. Ryszard, meu pai adotivo, me acompanha até o altar vestindo seu único terno elegante. Pronuncio o meu "sim" diante de um padre e de Arthur. Sou a Lidia do campo. Atravessei o inferno. Que mal poderá me fazer um casamento arranjado?

Os primeiros meses passam rápido e, no fim das contas, são meses felizes. Vamos morar num apartamento nosso, não muito longe da casa dos meus pais adotivos. Chega a primavera e, em abril de 1961, a Cruz Vermelha me avisa que minha mãe Anna me espera em Moscou dali a pouco tempo, para um encontro que todos os meios de comunicação soviéticos começaram a definir como histórico. Sim, porque todos os jornais, as rádios e os canais de televisão falam de mim. Para o regime, é a oportunidade de mostrar como a União Soviética se preocupa com seus filhos dispersos e ainda os quer sob sua proteção.

Aqui na Polônia também se espalha a notícia do encontro iminente. De repente me vejo dentro de um turbilhão midiático inimaginável. Parece que dois grandes países, a Polônia e a União Soviética, só se preocupam em falar de mim.

Eu me preparo para um encontro que parece cheio de incógnitas. Embora a Cruz Vermelha afirme que minha mãe me procura há muito tempo, estou desconfiada. Além das dúvidas sobre o silêncio desses anos, não sei que caminho minha vida poderá tomar daqui em diante. Sei que, depois do casamento ao qual minha mãe adotiva me impeliu, mas que aceitei sem questionar, ninguém poderá me deter na União Soviética. E provavelmente no meu inconsciente tomei a decisão de me casar porque sinto a Polônia como a minha casa. Além disso me pergunto: o que eu poderia fazer em Donetsk? Que vida poderia me esperar na fria e distante União Soviética?

O dia do encontro se aproxima. Chego a Moscou de trem, acompanhada por minha mãe Bronisława e por meu pai Ryszard. Eles também estão agitados. A viagem dura uma eternidade. Ficamos o tempo todo em silêncio. Não encontramos nenhuma palavra para nos dizer.

Meu coração está acelerado. Em minha mente, tenho uma imagem muito clara dos olhos de minha mãe Anna. Mas como será o rosto dela hoje? Eu era uma menina em Birkenau, sou uma mulher em Moscou. Chego com meus pais adotivos, meu marido e uma aliança no dedo que diz que sou polonesa e que meu desejo é continuar na Polônia.

O trem apita ao entrar na estação de Moscou. Imagino um encontro reservado, com poucas pessoas, com tempo e espaço para mim e para ela, mas, quando as portas do vagão se abrem na plataforma, ocorre algo que eu jamais teria imaginado. Dezenas de flashes disparam e me iluminam. Sou a Lidia do campo, a Luda de minha mãe Anna, mas parece que toda a União Soviética quer ver como estou e, principalmente, imortalizar o abraço que minha mãe me dará.

A plataforma está cheia. Não conheço ninguém. O regime quer que esse dia seja histórico: a União Soviética e também o Ocidente devem perceber sua magnanimidade. Um governo considerado despótico e totalitário ama os seus filhos e quer que sejam felizes, que suas lágrimas se transformem em sorrisos, que seu pranto se transforme em alegria.

Minha mãe Anna não resiste à tensão. É como se estivesse convencida de que da porta do trem descerá a Luda que ela deixou anos atrás no campo, aquela menina que ela acreditava ter perdido para sempre, a criança — dirão os historiadores — que passou mais tempo do que qualquer outra em Birkenau. E ela desmaia antes de conseguir me encarar nos olhos. Profissionais da saúde a cercam. Ao descer os primeiros degraus, consigo apenas vislumbrar uma mulher sendo transportada de maca. Só meu pai vem ao meu encontro. Ele chora, está emocionado. As pessoas em volta usam casacos pesados e cachecóis, que, nas mulheres, envolvem a cabeça, como chapéus. Faz sol, mas a primavera moscovita demora a sair do inverno.

Os fotógrafos continuam tirando fotos, vários jornalistas tentam arrancar de mim alguma declaração. Meu russo ainda é bom, mas acho difícil formar frases completas. Meus pais adotivos me servem de escudo, junto com os representantes do governo, embora tenham dificuldade de me levar dali. A desilusão dos meios de comunicação é grande. Na plataforma da estação, não aconteceu o tão esperado abraço.

Minha mãe é levada para um hotel no centro. E eu também. Então finalmente, numa sala de eventos, nossos olhos voltam a se cruzar depois de tantos anos. Minha mãe chora ao se aproximar de mim e segurar meu rosto com as duas mãos. Fecha os olhos, enquanto eu mantenho-os abertos, incapaz de dizer uma palavra. "Luda, Luda", diz ela, "passou tanto tempo...". Ela esperava encontrar a sua menina, mas encontra uma mulher. Ainda sou eu, mas mudei muito.

Na verdade, não tenho a oportunidade de falar com ela. Todos os jornalistas foram para o hotel e são autorizados a entrar na sala de eventos. Ali estão as mais altas autoridades da União Soviética. Querem sua parcela de glória. E sua parcela de fotos. As horas passam frenéticas. Depois do abraço, sou obrigada a ir ao Kremlin. Olho para minha mãe Anna e compreendo que aquele não é o momento do confronto. Minha mãe Bronisława nos acompanha como uma sombra. Sua presença já diz muito a todos: ainda sou dela.

As autoridades soviéticas decidem me levar aos lugares mais bonitos do país, a pátria que devia ser minha se eu não tivesse sido deportada para a Polônia. Sua intenção é fazer com que eu permaneça lá, mas não sabem que o casamento orquestrado por minha mãe Bronisława é um obstáculo importante em seu caminho.

Nos dias seguintes, ainda não consigo me encontrar a sós com minha mãe Anna. De Moscou me levam para Leningrado. Depois, de avião, para a Crimeia, para o Cáucaso, sempre acompanhada de diversos jornalistas. Estou nas manchetes dos principais jornais do país. Rádios e televisões falam de mim. Sou notícia.

As autoridades prepararam meu futuro sem que eu soubesse. Pedem que eu fique em seu país e me inscreva na universidade. Posso escolher o lugar onde quero estudar e morar. Farão o que for preciso para torná-lo possível. Não há obstáculos econômicos: vão pagar tudo. Minha mãe Anna me acompanha passo a passo, esperando o momento oportuno para falar comigo. Eu ganho tempo, não respondo às propostas das autoridades, adio as decisões, sou evasiva.

Depois de alguns dias, finalmente me levam de trem à casa de minha mãe. Lá também acontecem grandes celebrações. Toda a cidade está nas ruas, todos querem me ver. Na estação, sou recebida por uma multidão e por diversas faixas de boas-vindas. Em casa, conheço sua família. Descubro que tenho duas irmãs gêmeas, nascidas em 1947. Familiares queriam que uma delas se chamasse Ljudmila. Mas minha mãe Anna se opôs com todas as forças. Sentia que eu estava viva. Não teria permitido que outra filha sua tivesse o mesmo nome que eu.

Então, enfim, conversamos. Digo a ela tudo o que sinto. Digo que estou um pouco zangada. Pergunto por que nunca me procurou, como é possível que em todos esses anos nunca tivesse pensado em ir até a Polônia. Ela me deixou lá — não pensou que, se eu estivesse viva, era onde poderia me encontrar?

Minha mãe Anna chora e ao mesmo tempo sorri com um olhar doce. E me pede que a deixe explicar. Diz que na União Soviética lhe repetiram desde o início que todas as crianças bielorrussas e russas que tinham sobrevivido nos campos alemães e poloneses tinham sido levadas para a União Soviética e confiadas a orfanatos do país. Fizeram-na acreditar que, se eu estava viva, era ali que deveria me procurar; disseram-lhe que o Exército Vermelho, ao libertar os campos, tinha levado todos os conterrâneos de volta para a pátria. Se eu estivesse viva, tinha voltado ao meu país natal. Ela conta que me procurou por toda a União Soviética, pedindo informações para todo mundo. Que viajou, no limite do possível, visitando todos os orfanatos. Diz que procurou os lugares para onde tinham sido levados os deportados e divulgou o número da tatuagem que tenho no braço, mas nunca encontrou nenhum vestígio meu. Eu parecia ter sumido, e ela não sabia mais o que fazer. As autoridades nunca lhe permitiram ir à Polônia, caso contrário teria partido, apesar de tudo, com a esperança de que eu ainda estivesse viva sem conseguir regressar à União Soviética.

Acrescenta que pensou em mim todos os dias, sem exceção. No dia do meu aniversário, preparava um bolo, abria uma garrafa de champanhe, festejava com lágrimas nos olhos. As gêmeas lhe perguntavam: "Mamãe, mas o que você está comemorando?". "O aniversário da sua irmã", respondia. "E um dia certamente vocês vão conhecê-la."

No início, elas olhavam uma para a outra sem entender, mas crescendo compreenderam e pensaram que todos os meus vestígios estavam perdidos para sempre.

Minha mãe Anna repete que realmente acreditava que eu estava viva. Que acreditou nisso por todos esses anos.

Eu a escuto. Acredito nela. Meu coração acredita nela. Olho para as minhas irmãs e percebo que não temos nenhum vínculo. Elas cresceram sem mim, são parte da minha família, mas é como se fossem de outra. Observo que, com o passar das horas, estão cada vez mais impacientes. Minha mãe Anna só fica comigo, e elas têm medo de que as deixe de lado. E eu também tenho dificuldade de me relacionar com as duas. Elas têm um pouco de ciúme de mim, e talvez eu também tenha delas.

Ao todo, fico na Rússia por algumas semanas. Depois daquele primeiro encontro com minha mãe, há outros. Conto a ela o que aconteceu comigo, falo dos meus pais adotivos, da minha vida em Oświęcim depois da libertação do campo.

Dia após dia, o momento da verdade se aproxima. Minha mãe Anna tem certeza de que vou ficar na União Soviética. Não imagina outra possibilidade. Diz isso diretamente a minha mãe Bronisława: "Não pus Luda em sua porta, não lhe pedi que ficasse com ela. Quem fez isso foi a guerra".

E minha mãe Bronisława responde: "Mas o que eu deveria fazer? Deixá-la naquele barracão, para morrer de frio e fome? Ela acabaria indo para um orfanato, ninguém sabe que fim teria! Eu cuidei dela, eu a salvei. Se hoje ela está aqui, é também graças a mim".

Saí do campo de Birkenau como um esqueletinho, muito doente. Estava com uma infinidade de problemas — tinha tuberculose, anemia, o corpo cheio de feridas; era uma criança insegura, agitada, totalmente indefesa. Os objetos de uso cotidiano eram novidade para mim, algo que nunca tinha visto. Achava que de todos os lugares sairiam ratos, cachorros, tinha medo de que o dr. Mengele viesse me buscar a qualquer momento. Minha mãe Bronisława realmente me resgatou do nada, me protegeu e me criou.

Como posso negar tudo isso?

Como posso ignorar tudo isso?

Durante os dias de viagem pela União Soviética, consigo olhar para dentro de mim e admitir a verdade: não posso rejeitar minha mãe Anna, seu esforço para me manter viva em Birkenau, seu amor quando se privava do alimento para dá-lo a mim, sua preocupação para que eu nunca me esquecesse de quem era e não me esquecesse dela. Mas duas mães fizeram parte da minha vida, duas mães que, no fundo do coração, amo do mesmo modo e com a mesma intensidade.

Sinceramente, já não consigo viver sem minha mãe Bronisława, sem as campinas de Oświęcim, seus habitantes, meus amigos. Ao mesmo tempo, é impossível separar-me completamente de minha mãe Anna agora que finalmente a reencontrei. Não posso lhe dizer: "Me desculpe, vou embora, minha mãe agora é outra, não é mais você". Não posso e não quero fazer isso.

À noite, em Moscou, indo para o hotel que as autoridades soviéticas me reservaram, estou dilacerada. Porque entendo bem que Anna me queira só para si e, ao mesmo tempo, também entendo que Bronisława não aceite isso. Meus pais, o biológico e o adotivo, conseguem manter-se um pouco neutros. Também me amam, sem dúvida, mas de maneira mais discreta. Aliás, foi assim durante todos esses anos. A presença deles foi importante para mim, embora silenciosa e mais distante.

Os jornalistas — e, com eles, um país inteiro — me observam e creio que, em parte, notem meu estado de espírito. Pela primeira vez na vida me pergunto se eu, a dura Lidia que não tem medo de nada depois de ter passado por Birkenau, também vou me render e admitir que não sei o que fazer. Se, pela primeira vez, vou chorar e dizer às minhas mães: "Decidam vocês, não sou capaz de escolher". A decisão de ficar com minha mãe Anna ou com minha mãe Bronisława é grande demais para mim.

O presente sem passado é uma camada muito fina. Desmorona num instante, deixando apenas ruínas. Não posso voltar à Polônia negando o meu passado e ao mesmo tempo não posso ficar na Rússia ignorando todos os anos que passei com minha família adotiva.

Nos corredores do hotel há algumas fotos da guerra. Numa delas está Adolf Hitler com sua expressão arrogante, talvez anunciando que logo toda a Rússia, inclusive Leningrado, capitulará. Suas certezas se revelaram equivocadas.

Fico olhando para aquela foto e alguma coisa muda dentro de mim. De repente, percebo o que devo fazer.

Compreendo que não vencerei esse desafio tendo certeza, tentando ser o que não sou. Ao contrário, devo ceder aos meus sentimentos, deixar que eles me guiem e depois agir.

Num instante compreendo que a menina do campo, à qual tudo foi negado, aprendeu bem uma única coisa: aceitar as circunstâncias que a vida lhe apresenta. Então, agora também só posso e devo fazer uma coisa: aceitar as circunstâncias como elas são. Duas mães estão lutando por mim, estão me disputando. Preciso aceitar isso, o que significa dizer a elas: "Não escolho nem Bronisława nem Anna, porque tenho duas mães. Escolho as duas". Volto a morar na Polônia porque sou casada com um polonês e porque foi lá que cresci, mas com a condição de que periodicamente minha mãe Anna possa vir me visitar e eu também possa ir visitá-la na Rússia.

"Não chore, porque o inimigo vai te ouvir", minha mãe Anna dizia no campo. Foi um ensinamento importante, que durante a vida sempre coloquei em prática. Essa capacidade de resistir nas dificuldades, de ser como um camaleão que sabe mudar a cor da pele dependendo das circunstâncias, manifestou-se também em meus primeiros dias na União Soviética. Reflito e compreendo que também sou capaz de me adaptar àquela nova situação: sou capaz de conviver com duas mães e de convencê-las de que essa é a solução certa para elas também. Essa decisão é consolidada pelo amor, pelo afeto que, apesar de tudo, sinto pelas duas. É a melhor escolha para elas também.

Bronisława e Anna ficam sem palavras. Decidi sozinha e, sem consultar ninguém, comunico a elas a minha decisão. Os meios de comunicação me pressionam. Perguntam onde pretendo morar. Dão como certo que permanecerei na União Soviética. "Não vou me mudar para lugar nenhum", respondo. A menina do campo que reencontrou sua mãe vai voltar para a Polônia.

Depois do espanto inicial, Bronisława e Anna entendem. Certamente, Anna está menos contente. Chora e não sabe o que dizer. Acha que é culpa dela. Acha que, se tivesse se empenhado mais em me reencontrar logo depois da libertação de Birkenau, muitas coisas teriam sido diferentes. Mas, na verdade, ela não viu a libertação. Marchou para a morte com outros judeus e deportados pouco antes da chegada do Exército Vermelho. Só soube da libertação depois. E, embora sentisse que eu estava viva, não tinha certeza disso.

Ela por fim se acalma e, com uma generosidade inesperada, diz que aceita minha decisão. Que se é para a minha felicidade, está tudo bem. Abraça também Bronisława, agradecendo-lhe o que fez e o que fará. E me faz prometer que logo nos veremos novamente.

Assim, para mim, o abraço das duas se torna a coisa mais bonita da viagem. Claro, além do abraço que dei em Anna, mas ver minhas duas mães se abraçarem é uma emoção muito grande que dissipa toda a tensão acumulada.

Volto para Oświęcim com meu marido e meus pais adotivos. A cidadezinha nos recebe com um sol quente, agora de verão. A água do rio começa a ser povoada por trutas e outros pequenos peixes. Nos campos, as prímulas já deixaram espaço para algumas margaridas. O mato está alto e alguns camponeses, com suas foices, fazem o primeiro corte para alimentar os animais. Nas árvores nascem as primeiras folhas e algumas flores. À tarde, os idosos se encontram para jogar baralho nas ruas. As mulheres se cumprimentam das janelas. Há vontade de viver.

Meu coração está em paz. Acho que tomei a decisão certa. Os governantes soviéticos permitirão que minha mãe viaje quando quiser. E eu poderei fazer o mesmo. Haverá menos restrições para nós.

O eco dos últimos dias passados na União Soviética se fez ouvir com força e clareza na Polônia. Aqui também me recebem com afeto. Várias pessoas me cumprimentam nas ruas. Estão felizes por eu ter escolhido ficar em seu país. Estão orgulhosas da minha decisão. Minha mãe Bronisława se apressa em reformar a casa. Sabe que minha mãe Anna chegará logo e não quer causar má impressão.

Antes dela, contudo, chegam suas cartas. Desde que deixei Moscou, escreve uma por dia. Nunca deixará de fazê-lo: até o fim de sua vida, nenhum dia se passou sem que me escrevesse uma carta. Encontro-as todas as manhãs em minha caixa de correio, na Polônia. Às vezes me escreve poucas palavras: "Minha Luda, te amo tanto e estou com saudade. Sua mãe". Outras vezes escreve mais, contando por que não pôde me procurar depois da saída do campo. Ainda quer se desculpar. Diz que minha incompreensão a magoou. Volta a me escrever muitas e muitas vezes dizendo que não foi sua culpa.

Essas cartas me levam a entender que se separar de mim foi uma experiência dilacerante para ela, que carregará isso para sempre. Além das cicatrizes das violências sofridas em Birkenau, nossa relação interrompida é uma ferida que, apesar do reencontro, nunca fechará completamente. Muitas vezes, nas margens do papel das cartas que me escreve, ela desenha algumas florzinhas, ao lado de corações, dentro dos quais escreve meu nome.

Não lhe respondo todos os dias, mas escrevo com frequência. Compreendo que ela precisa de mim, do meu amor, precisa ter certeza de que também a amo, de que não me esqueço dela e de que entendi que não foi a culpada por vivermos distantes todos aqueles anos. A culpa foi daquela guerra atroz e dos criminosos nazistas que destroçaram o coração da nossa Europa.

Minha mãe Bronisława já não precisa esconder a correspondência. As primeiras cartas ainda chegam ao seu endereço. E ela mesma é quem muitas vezes vem trazê-las para mim. "Sua mãe te escreveu de novo", me diz, sorrindo. Ela também demonstra

111

uma grande generosidade. Aceita que meu coração seja dividi-do, aceita as cartas de Anna e suas frequentes visitas à Polônia.

A primeira acontece não muito tempo depois da minha volta. Anna vem sem meu pai. Usa suas melhores roupas, quer causar boa impressão. Deixou Birkenau há quase vinte anos. Desde en-tão não voltou mais. Vem de trem, apesar de isso lhe custar um grande esforço, pois viajar num vagão reaviva traumas antigos. Para piorar, o destino é a Polônia, perto do campo que marcou sua vida para sempre.

Minha mãe Bronisława a recebe como uma rainha. Conversa com doçura, sempre sorrindo, e lhe prepara os melhores pratos. No entanto, ela dorme em minha casa: moro sozinha com meu marido, tenho espaço para minha mãe. Minha mãe Anna quer que eu lhe conte como cresci, me pergunta do que brincava na infân-cia, quer ver o quarto em que dormi todos aqueles anos. Quando caminhamos juntas, muita gente sai de casa para cumprimentá-la e lhe dá flores. Todos conhecem a nossa história. Ela me pede para traduzir o que dizem. Pede que as pessoas falem de mim, quer saber o que eu fazia quando pequena, como elas me viam.

É verdade, não podemos voltar no tempo. Certas feridas, certas separações não podem ser apagadas. Vivemos meses e anos e não podemos voltar ao ponto de partida. No entanto, a certa altura, a vida pode nos dar a oportunidade de redimir o que aconteceu. Não é inútil, não é apenas doloroso para minha mãe Anna vir aqui, andar pelas ruas por onde andei, ver os lugares onde cresci sem ela. É um pouco como retomar aquilo que ela não pôde ter. É um pouco como voltar no tempo e passar um bálsamo nas feridas que ainda sangram.

Um dia ela me pede que a acompanhe até Birkenau. Quer que entremos ali sozinhas. Percebo que está com medo, mas sei mui-to bem que precisa dessa visita. Quer ser minha guia, me dizer o que viveu, me dizer o que houve para que eu saiba tudo o que ela fez por mim.

Chegamos ao campo numa manhã quente e ensolarada. De Oświęcim até lá, são poucos quilômetros. Minha mãe Anna, porém, não consegue cruzar o portão, não consegue entrar. Sente-se mal, parece prestes a desmaiar. A emoção é demais. Preciso chamar um médico para ajudá-la a se recuperar.

A segunda vez é melhor. Anna consegue dominar a grande emoção. Por um instante, fica parada na frente do portão. Precisa tomar fôlego. Para ela, lá dentro ainda estão os alemães, os cães latindo. "Não era assim", ela me diz em voz baixa. "Você se lembra? Fazia muito frio. Era escuro e o vento açoitava os nossos rostos assustados. Era um frio que falava e dizia: esta é a casa da morte. Agora tudo é luminoso, mas não era assim."

"Eu sei", respondo. E não acrescento nada.

O portão está aberto. Só nós duas o cruzamos, não há ninguém por ali. Embaixo da grande torre, à direita, uma porta está aberta. Vemos a escada para a sala do comando que, lá do alto, tinha vista para todos os barracões, para as plataformas da linha do trem, para os fornos ao fundo. Anna parece tentada a subir. Mas desiste. Caminha lentamente pelos primeiros metros acompanhando os trilhos. Olha ao redor, para um pouco, chora. Apoia a cabeça em meu peito. Deixo-a desabafar. Depois continuamos até onde os vagões paravam.

"Aqui", ela me diz, "descemos com seus avós. Arrancaram-nos do vagão com brutalidade. Idosos, mulheres grávidas, homens e crianças caíram ao chão. Logo separaram seus avós de nós. Não pude fazer nada para salvá-los. Você estava no meu colo. Procurei por eles para ao menos me despedir, mas não consegui. A lembrança é de muita resignação. Ninguém que descia dos vagões ousava se rebelar. Todos obedeciam às ordens em silêncio. O frio era tão grande que impedia qualquer pensamento. E chegávamos aqui depois de viagens desumanas. Como a nossa. Ninguém era capaz nem sequer de cogitar o menor gesto de rebelião."

Ela acaricia as pedras no chão. A cinza dos fornos ficou aqui por meses. Esta terra é formada também pelos restos de nossos entes queridos, de centenas de milhares de inocentes enviados ao matadouro. Esta terra é carne da nossa carne.

Chegamos perto do barracão em que ela esteve presa. "Lembro a primeira vez que me trouxeram aqui", conta. "Foi o pior momento de toda a detenção, porque me separaram de você. Ficar sem você era inconcebível para mim. Você era tão pequena, tão indefesa. Te abracei forte quando te levaram. Será que você conseguiria sobreviver? Eu não sabia. Temia por sua vida. Por sorte, no barracão encontrei outras mulheres bielorrussas. Éramos das mais jovens e fortes. Por isso decidiram nos destinar aos trabalhos no rio, na saída do campo. Foi minha sorte. Assim conseguia pegar algumas cebolas e levá-las para você. Quando vinha trazer alguma comida e te encontrava ainda viva, meu coração explodia de alegria. Ainda tinha medo, é claro, mas ver você capaz de resistir, ver você de algum modo já crescida me ajudava muito."

Deixo que entre sozinha no barracão. Depois de alguns minutos, ela sai chorando. "Está vazio", comenta, esboçando um sorriso.

Fomos para o espaço onde ficavam os fornos. Agora já não existem.

"Você se lembra da fumaça?", ela pergunta. "Era alta, às vezes vermelha, outras vezes preta. O cheiro de carne queimada era insuportável."

Ao lado dos fornos ainda há uma câmara de gás, escavada no terreno. Está sem telhado e é possível ver a estrutura interna de cima.

"Eles mataram tantos nessas câmaras", diz. "Amontoavam as pessoas lá dentro. Às vezes, quando íamos ao rio, passávamos perto das filas de gente prestes a morrer. Todos sabiam que entrar ali significava não sair nunca mais. Quando os chuveiros se abriam, os mais sortudos eram os que se encontravam bem debaixo deles. Morriam mais rápido, com menos sofrimento. Os outros tinham uma agonia mais longa, morriam em pé, com os corpos esmagados no meio dos outros."

Deixaram pequenas pedras perto dos fornos. Passamos as mãos nelas, acariciando-as. São as pedras que alguns deportados que voltam ao campo colocam ali em memória de seus entes queridos. Minha mãe também deixa uma pedrinha, em memória de meus avós e de todos aqueles que não conseguiram sobreviver.

Depois nos dirigimos para uns barracões mais distantes, situados à esquerda da linha do trem. Durante a detenção, minha mãe não podia ir para aquela parte do campo. Agora quer percorrer cada canto, entrar em todos os barracões para ver. No meu barracão, acaricia os desenhos nas paredes, os estrados de madeira onde eu e outras crianças dormíamos. Quer ver as latrinas, as cozinhas. Chora abraçada a mim.

Saímos por outro portão a cem metros do principal. Não lhe parece verdade que pode sair livremente. Quando vê a saída, acelera o passo, tem pressa de ir embora. Parece ser assaltada novamente pela escuridão. Como se temesse que o passado pudesse voltar. Nem todos os sobreviventes conseguem rever os campos, visitar de novo aqueles lugares. Ela conseguiu. Não por ser melhor que os outros. Somos todos diferentes. Anna conseguiu, mas assim que chegamos em casa ela me olha nos olhos e diz: "Nunca mais. Não quero voltar lá nunca mais."

7

O que estou contando, a minha história, como a de muitos outros, infelizmente pode parecer inacreditável. Pode parecer fruto de uma imaginação doentia. No entanto, é tudo verdade: sou uma das últimas testemunhas ainda vivas do horror nazista. Embora eu fosse apenas uma criança quando entrei em Birkenau, me lembro de muitas coisas. As experiências ficaram marcadas na minha memória e influenciaram toda a minha vida — minha infância, minha adolescência e agora também a minha velhice.

Apesar de tudo, apesar de ter conseguido superar essas experiências depois de anos, elas ainda estão profundamente arraigadas em mim. É impossível ignorar o que aconteceu, é impossível esquecer aquilo tudo.

Entendo os sobreviventes da Shoah que não conseguem reunir coragem para testemunhar. A escuridão que os envolveu é profunda, assim como o sentimento de culpa que ficou como consequência. Eu também o sinto, todos os dias. Por que escapei quando tantas outras crianças não escaparam? Por que milhares morreram e alguns outros não? Por que eles e não eu?

Essas são perguntas para as quais não tenho resposta. Durante anos não tive coragem de dizer nada. Depois da libertação, voltei ao campo para brincar com meus amigos, mas falei muito pouco sobre o barracão, sobre o dr. Mengele, sobre a tortura, sobre tudo que aconteceu nos meses que passei lá. Nunca vou me esquecer dos rostos daqueles que não conseguiram sobreviver. Vejo-os deitados nos estrados de madeira, nos corredores, nas cozinhas, apavorados e procurando esconderijos. Vejo-os na minha frente ainda agora, neste momento. É verdade: como todos no campo, lutei ferozmente para sobreviver. Se Mengele entrasse no barracão, eu lutaria para que outros fossem levados em meu lugar. E era natural agir assim. Mas o que era natural naquele lugar se transformou em culpa quando saí de lá. Por isso, entendo os que não falam. Não julgo os que não conseguem dizer nada, os que passam a vida inteira tentando esquecer. Para mim, porém, falar sobre isso significa descarregar pelo menos um pouco do peso que tenho nas costas e permitir que o amor se espalhe.

Que amor? O amor que tenho dentro de mim pela vida, pelos meus entes queridos, por todos aqueles que, como eu, percorrem o difícil caminho da vida.

Auschwitz e Birkenau não são um símbolo; são realidade. Na época dos campos, eram as maiores fábricas de morte já concebidas no mundo. Minha tragédia foi me encontrar no epicentro desses crimes. Como era criança, não entendia por que estava ali e por que não podia ficar com minha mãe. Não demorei a compreender, meio por instinto, como precisava me comportar para sobreviver. Entendi que estava no meio de uma luta para não sucumbir: era preciso brigar com todas as forças por um pedaço de pão ou por um pouco de sopa aguada, os únicos alimentos para nós, crianças deportadas.

No campo aconteciam coisas terríveis. As indústrias farmacêuticas alemãs e os cientistas do país realizavam experimentos com mulheres, crianças e particularmente com gêmeos. Lá estava o dr. Mengele, o Anjo da Morte. Sua tarefa era criar seres humanos com características excepcionais, que serviriam aos nazistas para povoar a Europa depois da conquista. Seu nome se fez ouvir desde o início e ficou marcado em minha mente. Sabíamos que ele dava injeções dolorosas, que pingava um colírio ardente nos olhos das crianças: queria obter um ser humano de olhos azuis, a cor dos olhos "arianos", segundo os nazistas. Também testava vacinas em nós, sob encomenda das indústrias farmacêuticas alemãs. Servíamos como cobaias, e só por esse motivo nos mantinham vivos no barracão. Para Mengele, éramos simplesmente material para seu trabalho.

Muitos de nós morriam. Os que conseguiam voltar para o barracão ficavam de cama por dias, ardendo em febre, como que sem vida. Ficávamos com o corpo quase transparente depois dos exames de sangue. Isso não impedia que a *kapo* nos levasse todos os dias para a inspeção ao ar livre. Às vezes tínhamos de permanecer em pé durante horas. Não havia piedade. Não nos consideravam pessoas, seus semelhantes, apenas números.

A morte era nossa companheira cotidiana. Não reagíamos quando retiravam cadáveres do barracão. A *kapo* apagava os números deles da lista e ordenava que seus corpos fossem jogados num carro que partia para o crematório.

Devo minha vida a certas circunstâncias favoráveis, ao acaso, à minha resistência física; mas pode-se dizer que, em toda aquela tragédia, minha maior sorte foi ter no campo minha mãe, Anna — mulher jovem, muito corajosa e determinada a me salvar.

Às vezes, mulheres grávidas vinham ao meu barracão. Já estavam grávidas quando foram tiradas de seus países e, apesar do imenso esforço físico, tinham conseguido sobreviver à viagem de trem. Ao chegar a Birkenau, faziam com que elas dessem à luz em nosso barracão. No entanto, assim que a criança nascia, era imediatamente morta com uma injeção de fenol ou afogada num balde de água. Lembro bem do gesto de uma mãe oferecendo o peito ao recém-nascido. Estava feliz por aquela nova vida, por ter nos braços a carne de sua carne. Mas depois de poucos minutos lhe arrancaram o bebê para matá-lo. Não havia lugar para recém-nascidos no campo. Não havia espaço para uma nova vida. Lembro do olhar dessas mães: desespero, angústia sem esperança.

A necessidade de testemunhar não surgiu em mim de repente.

Em Oświęcim, nos anos da minha juventude, chegam novos ex-prisioneiros todos os dias. Ficam na cidade criando coragem para voltar a pisar no campo. São mais velhos que eu, viajam de todas as partes do mundo para regressar ao lugar do grande medo. Entram no campo na ponta dos pés, choram. Muitas vezes vão com um pequeno grupo de pessoas. Ao entrar, alguns sentem naturalmente a necessidade de contar, de testemunhar. Sou muito mais nova que eles, observo-os com respeito e em silêncio. Ninguém me dá atenção. Compreendo que cabe a eles falar.

Na cidade temos uma vizinha, a senhora Piatkowska, amiga de minha mãe adotiva e esposa do diretor de uma indústria química. É uma mulher instruída, culta. Muitas vezes me leva para dar longos passeios ao ar livre, ao redor de Oświęcim. É ela quem começa a me contar o que a guerra significou para o mundo, o que o horror nazista representou para a humanidade. Durante anos, eu não quis saber de nada. Toda vez que alguém falava dos nazistas, eu tapava os ouvidos. Por muito tempo escondi também minha tatuagem no braço. É essa mulher que me faz acordar: "Não se preocupe com as coisas pequenas, pense grande", ela me diz. "Um dia você terá de contar o que houve. Prepare-se. Essa tatuagem diz quem você é, o que lhe fizeram. Não tenha medo de mostrá-la, orgulhe-se. Ela diz que você passou pela morte, que você conseguiu, e testemunha a abominação do nazismo. Marcavam vocês porque não os consideravam pessoas, mas animais, números. Faça com que a vejam, mostre-a para que todos saibam".

Pouco a pouco, essas ideias começam a se aprofundar em mim. O encontro com minha mãe biológica, depois de dezessete anos de distanciamento, faz com que muitas pessoas me procurem, perguntem de mim, queiram conhecer a minha história. E assim também começo a falar do campo, do que houve em Birkenau, do que foi o horror nazista. Chegam os primeiros convites para falar nos centros culturais, depois nas escolas. Nesses encontros, mostro a tatuagem, aprendo a não me envergonhar dela.

Na caminhada rumo ao testemunho, também tive a ajuda de meu filho. Sim, tenho um filho. Ele nasceu depois de alguns anos de casamento. Sempre lhe contei tudo o que vivi, ele soube desde pequeno. Cresceu com duas avós, uma polonesa e outra russa, que de vez em quando saía de Donetsk para vir a Oświęcim. Ele conheceu minha história sem tê-la vivido. Não sentiu a mesma dor, foi poupado. Enterrou minhas duas mães junto comigo. As duas se foram em paz, com alguns anos de diferença.

Minha mãe Bronisława tinha uma relação especial com ele. Lembro que à noite, diante da lareira, ela falava de mim, contava como tinha me encontrado em Birkenau. Eu era uma criancinha assustada. Ela me viu sentada sozinha, tremendo de frio, em silêncio. E me escolheu, me levou para a sua casa e me ensinou a viver. Sim, porque eu não sabia nada da vida "normal".

Mas ela também lhe contava, e isso me surpreendia, da época em que não me conhecia. Coisas que nunca me dissera. Contava que, depois que os nazistas construíram Birkenau, tentou se aproximar do campo com outros parentes. O terreno ao lado do grande portão de entrada tinha pertencido a ela, e muitas vezes sentia vontade de vê-lo de novo. Não sabiam bem o que acontecia lá dentro, embora sentissem que era um campo de morte. Viam de longe as longas filas de prisioneiros, com tamancos e roupas listradas, que iam trabalhar num canteiro de obras de uma indústria química. E viam que, quando voltavam, eles traziam nas costas os cadáveres. Um dia, minha mãe Bronisława e uma amiga tentaram se aproximar dos deportados com um pouco de pão. Um guarda da SS ordenou que fossem embora e não voltassem nunca mais: "Se insistirem em se aproximar, vão acabar aqui dentro", disse ele.

Observar meu filho ouvindo as histórias da avó, ver seu entusiasmo quando eu contava como tinha achado minha mãe, como tinha sido nosso encontro em Moscou, também me incentivou a testemunhar. Faço-o também por ele, para que seja cada vez maior o número de homens e mulheres que, como ele, tomem consciência do que aconteceu.

Mas meu filho e a senhora Piatkowska não foram as únicas pessoas que me encorajaram a testemunhar. Entre elas, também esteve especialmente Karol Wojtyła, ou João Paulo II, primeiro papa não italiano da era moderna — e polonês. Sua primeira vinda à Polônia como papa acontece em junho de 1979, poucos meses depois de ser eleito. É uma visita histórica. Quem nos governa nessa época é Edward Gierek, chefe do Partido Comunista Polonês, que assumiu o poder em 1970 depois dos trágicos acontecimentos em Gdańsk e Gdynia, quando seu antecessor, Wladysław

Gomułka, ordenou que as tropas atirassem contra trabalhadores de estaleiros navais que protestavam contra o custo de vida. Gierek pediu apoio aos trabalhadores e tentou lhes dizer que estava do lado deles. Ele se tornou popular entre a maioria de nós, poloneses. Ele nos facilitou viajar pela primeira vez e fazer contato com o Ocidente. Ele nos permitiu sonhar com a possibilidade de outra vida. Mas, depois de um primeiro momento de melhora, a economia do país mergulhou em um profundo abismo. É quando toda a Polônia está caindo nesse buraco negro que João Paulo II nos faz uma visita. Um pontífice proveniente de um país integrante da cortina de ferro volta à sua terra, ainda dominada pelo regime. O povo fica eufórico. Lembro da celebração de muitas missas na cidade e também em Cracóvia, da multidão de fiéis que de repente se sentem mais seguros para manifestar a própria fé. Mas há uma grande expectativa em toda a Polônia, mesmo na população laica e não religiosa.

As autoridades comunistas, em especial o governo de Moscou, escondem-se atrás do silêncio ou da indiferença. Na realidade, o Kremlin tem plena consciência do "perigo" dessa viagem. Não por acaso, em Oświęcim também corre o boato de que a União Soviética pediu várias vezes ao regime comunista polonês informações sobre esse homem, eleito de surpresa para ocupar a Cátedra de São Pedro depois dos trinta e três dias de Albino Luciani.

O Kremlin tenta entender a reviravolta que a eleição de um papa do Leste poderia provocar nas relações com o bloco socialista. Tenta avaliar as mudanças que poderiam acontecer nas relações internacionais e se a *Ostpolitik* vaticana — a abertura da Santa Sé para os regimes comunistas com o objetivo de salvar o maior número possível de vidas e garantir alguma liberdade às comunidades católicas — continuará na mesma linha ou não. O principal temor é de que João Paulo II, que conhece bem o regime comunista, possa abandonar a *Ostpolitik* e começar uma linha abertamente mais dura, beneficiando-se do apoio da comunidade internacional.

Seja como for, com a eleição, toda a Polônia sente que algo pode mudar de uma hora para outra. Depois da ocupação nazista e da entrada no bloco soviético, esse homem pode trazer a mudança tão desejada por toda a população. A viagem do papa dura ao todo nove dias. E, de fato, marca o início de um processo que culminará na queda do Muro de Berlim em 1989.

Estou entre os que vão receber o papa em Oświęcim. O papa visita o campo e fala em termos bem claros: "Eu vim para me ajoelhar neste gólgota do mundo contemporâneo, nestas sepulturas, em grande parte sem nome, como esta grande tumba do Soldado Desconhecido. Ajoelho-me diante de todas as pedras que se sucedem, todas esculpidas em memória das vítimas de Birkenau. Em particular, paro com todos vocês, queridos participantes deste encontro, diante da pedra com esta inscrição em língua hebraica, que suscita a memória do povo cujos filhos e filhas foram destinados ao extermínio total. Este povo tem sua origem em Abraão, o pai da nossa fé, como dizia Paulo de Tarso. Este mesmo povo que recebeu de Deus o mandamento 'Não matarás' sentiu muito particularmente o significado de matar. Ninguém pode passar por esta pedra com indiferença".

Eu também estou no campo enquanto ele diz essas palavras. Junto a outros sobreviventes do extermínio, me preparo para ter um breve momento em particular com o papa, planejado especialmente para nós. Estou muito agitada. Quando me vejo diante desse grande mestre espiritual, começo a lutar contra alguns sentimentos. Ainda estou pensando nas muitas coisas que não fiz. No fato de eu estar aqui enquanto muitos outros não estão. Mais uma vez, sou tomada pelo sentimento de culpa enquanto espero minha vez. Quando o encontro, João Paulo II põe a mão na minha cabeça. Depois me olha longamente nos olhos, em silêncio. Seu olhar me marca profundamente, atravessa minha alma.

É como se ele soubesse tudo sobre mim, como se conhecesse cada traço da minha dor, da minha ansiedade. É como se dissesse: não se preocupe; vá e testemunhe sobre o que aconteceu com você.

Naquele exato momento, sinto nascer dentro de mim uma força que não é minha. Uma luz que me leva a sair daquele lugar e dar meu testemunho. Compreendo claramente que tenho que continuar, que é a minha vez de me manifestar, apesar de toda a culpa que sinto. Não devo ter medo. Nunca mais. Tenho que contar a todos como era o inferno de Auschwitz-Birkenau, como era o horror nazista, como eram os campos de extermínio naqueles anos sombrios. Tenho que falar. Tenho que fazer isso por todas as pessoas pelas quais me sentia culpada. Por meus companheiros de barracão, por seus olhos inocentes. Tenho que falar por eles, por suas memórias e pelas gerações futuras. Tenho que fazer isso por todos nós. A sobrevivente Liliana Segre disse que, se esquecermos o passado, vamos repetir a mesma violência e odiá-la. E é verdade. É para evitar que isso se repita que tenho que encontrar forças e coragem para contar a minha história.

Dez anos depois, há outro evento importante, desta vez para o mundo. Tenho quase quarenta e nove anos quando ocorre a queda do Muro de Berlim, em novembro de 1989. Na Polônia, o movimento antissoviético Solidarność havia vencido as eleições algumas semanas antes. A vitória foi um grande choque para todos. O Solidarność conquistou quase todas as cadeiras que tinha ocupado. Já em agosto, de fato, ficou claro que o primeiro-ministro estava lá. A euforia tomou conta das ruas. Logo o Bloco do Leste não existiria mais e todos seríamos livres. Lembro das imagens na televisão do Muro de Berlim caindo; lembro do que eu e meus entes queridos sentimos. Lembro claramente de meus pensamentos se voltando imediatamente para minha mãe: agora, ela poderia vir até mim sem nenhum problema. Eu não tenho um relacionamento muito próximo com minhas irmãs. Há muitos anos e muitos quilômetros entre nós. Com minha mãe, é muito diferente. A partir desse dia, ela poderá vir à Polônia com mais frequência e passar mais tempo comigo.

Minhas duas mães não estão mais aqui, mas ambas vivem nas histórias que me pediram para contar enquanto viajo pelo mundo. Sempre termino todos os meus testemunhos, especialmente quando o público é jovem, com estas palavras: "O futuro do mundo está nas suas mãos. O futuro depende de vocês. Caberá apenas a vocês garantir que aquela abominação jamais aconteça novamente. É verdade, vocês nunca viram Auschwitz pessoalmente, mas podem saber como era pelas minhas palavras e pelas de muitas outras testemunhas que vieram antes de mim".

No começo, os jovens têm dificuldade de acreditar no que aconteceu comigo. Não conseguem conceber. Como pode um ser humano ter tratado outro dessa maneira? E, no entanto, é isso que aconteceu. Por isso, hoje, é minha obrigação contar essa história. O monstro está se agitando novamente: nacionalismo, guerra, ódio, intolerância religiosa. São situações inacreditáveis que pensávamos ter deixado para trás. Como é possível que, ainda hoje, não escutemos uns aos outros? Claramente, muitos não se lembram do passado. Mas nós, sobreviventes, não nos esquecemos. Vimos a decadência da humanidade e não queremos que se repita.

Já disse muitas vezes e volto a repetir: minha vida é feita de sombras, mas também de luz. Parte da luz está, sem dúvida, nos muitos testemunhos que fiz ao redor do mundo. Nessas ocasiões, também falo da minha mãe biológica, da nossa relação, da nossa história. Ela também viu luz e sombras em sua luz. Nosso reencontro não foi a única luz.

Contar a história me mantém viva. Me mostra que há uma razão para eu ter sobrevivido — que alguma coisa, talvez alguma coisa lá em cima, quis que fosse assim.

Wojtyła viveu de perto a tragédia dos campos. Foi ele que disse que o crime da Shoah continua sendo uma marca indelével na história do século que está chegando ao fim. E ele escreverá, em vista do Jubileu do Ano 2000, "Nós recordamos: uma reflexão sobre a Shoah", um documento do Vaticano sobre as responsabilidades da Igreja no Holocausto. Não se limitará a condenar os campos e o horror nazista, mas pedirá desculpas pela conduta da Igreja, exortando os fiéis a purificar os próprios corações através do arrependimento pelos erros e pelas infidelidades do passado. Além disso, convidará todos a se colocar humildemente diante de Deus e a fazer um exame de consciência sobre a própria responsabilidade pelos males de sua época.

São palavras que me marcam profundamente. Elas me levam a perceber que os preconceitos estiveram presentes também nas mentes e nos corações de alguns cristãos, alimentados, como escreveu Wojtyła, por uma interpretação equivocada do Novo Testamento. Infelizmente, o antissemitismo da Europa cristã facilitou o extermínio ordenado por Hitler. Por isso a Igreja pediu perdão. Também por essa coragem me senti, e ainda me sinto, muito próxima desse papa.

E, junto a ele, do papa Francisco.

Francisco também usou palavras semelhantes ao recordar o extermínio perpetrado pelos nazistas. No prefácio ao livro *A Bíblia da amizade: trechos da Torah/do Pentateuco comentados por judeus e cristãos* — organizado por Marco Cassuto Morselli e Giulio Michelini —, disse que tinha consciência de que há dezenove séculos de antissemitismo cristão em nosso passado e que algumas décadas de diálogo, em comparação, é muito pouco. No entanto, nestes últimos tempos, muitas coisas mudaram e outras ainda estão mudando. É preciso trabalhar com mais intensidade para pedir perdão e para reparar os danos causados pela incompreensão.

Contudo, mais que as palavras, o que me impressionou foi o silêncio que Francisco decidiu manter durante uma visita ao campo de extermínio de Auschwitz, em 2016. Lá, em 2006, Bento XVI se perguntou: "Onde estava Deus naqueles dias? Por que, Senhor, te calaste? Por que toleraste tudo isso?". Foram palavras que Francisco repetiu, mas apenas depois de sair do campo. Durante toda a visita, permaneceu em silêncio. Atravessou o portão sozinho, a pé, cabisbaixo. Depois de entrar, subiu no carro elétrico para passar pelas várias áreas da grande estrutura. Em seguida, sentou-se num banquinho, sempre sozinho e sempre em silêncio, diante das instalações onde ficavam os prisioneiros, e lá ficou por mais de quinze minutos, absorto, às vezes de olhos fechados, com as mãos unidas no colo. Antes de retomar o percurso, aproximou-se de uma forca de ferro onde assassinavam os prisioneiros e beijou um de seus postes.

Depois entrou no contíguo bloco 11, onde foi morto o franciscano conventual Massimiliano Kolbe, que se ofereceu voluntariamente no lugar de um pai de família escolhido, por represália, para morrer de inanição no "bunker da fome". Francisco desceu sozinho à sua cela, onde ainda são visíveis os grafites desenhados pelos detentos nas paredes, e ficou sentado em oração por vários minutos. Pois bem, foi esse silêncio que me impressionou, um silêncio cheio de respeito por quem perdeu a vida lá dentro, mas também por quem sobreviveu e ainda traz na alma os sinais indeléveis de tudo aquilo.

Se, por um lado, temos o dever de testemunhar, por outro, entendo quem se aproxima desses lugares de morte e decide ficar em silêncio. Nesse momento é difícil encontrar palavras, mas, apesar das explicações que devem ser dadas, também é possível demonstrar o sentimento sem dizer nada.

Numa manhã quente do fim de maio de 2021, participo da audiência geral de quarta-feira no Pátio de São Damásio, no Vaticano. É realizada ali por conta das medidas de contenção da pandemia de covid-19, que só permitem a entrada de um número limitado de pessoas. O Pátio me recebe com seu belo estilo renascentista. Sou levada para as primeiras filas e sei que, no final, poderei cumprimentar brevemente o papa. Não tenho nenhuma expectativa; penso na primeira vez que vi João Paulo II na Polônia, no seu silêncio, e estou convencida de que aqui a cena será mais ou menos a mesma.

Francisco faz uma breve catequese centrada na oração. Suas palavras me parecem adequadas ao que vivi no campo: "Há uma contestação radical à oração", ele diz, "que deriva de uma observação que todos fazemos. Rezamos, pedimos, mas ainda assim, às vezes, nossas orações parecem não ser ouvidas". Foi o que aconteceu em Birkenau, penso. Quantas orações dos deportados não foram ouvidas! "O que pedimos para nós e para os outros", continua o papa, "não se realizou. Temos essa experiência muitas vezes. Se o motivo pelo qual rezamos era nobre (como pode ser a intercessão pela saúde de um doente ou pelo fim de uma guerra), seu não atendimento nos parece escandaloso". Francisco se pergunta: "Se Deus é Pai, por que não nos ouve? Ele, que prometeu o bem para seus filhos, por que não responde às nossas súplicas? Todos nós rezamos: pela doença de um amigo, de um pai, de uma mãe que depois faleceu — e Deus não nos atendeu".

Ouço o papa e penso em como suas palavras são verdadeiras. Muitas vezes, Deus não responde às nossas perguntas. Minha mente se detém ali, no sofrimento de milhões de seres humanos mortos nos campos. Muitos eram pessoas de fé, imploraram a Deus e não foram ouvidos. E me agrada que Francisco não dê respostas — o silêncio de Deus, gostemos ou não, segue presente.

A audiência continua, e as palavras do papa são lidas em outras línguas. Então chega o momento dos cumprimentos finais. Francisco se dirige às pessoas das primeiras filas. Começa a cumprimentar uma a uma. Com algumas, permanece uns minutos. A certa altura, chega a mim. Olho para ele, mas não sei o que dizer porque não falo italiano. Uma pessoa ao meu lado me apresenta e lhe conta brevemente a minha história. O que posso lhe dizer? O que posso lhe transmitir? Vêm à minha mente as palavras da senhora Piatkowska: essa tatuagem diz quem você é, o que lhe fizeram. Não tenha medo de mostrá-la, orgulhe-se. Estou com uma camisa azul de bolinhas brancas que cobre meus braços. Quase por instinto, decido erguer a manga do braço esquerdo. Em suma, mostro a Francisco minha tatuagem, aquele 70 072 que encerra toda a minha vida.

É nesse momento que o papa, inesperadamente, faz um gesto que jamais poderei esquecer. Inclina-se e me dá um beijo, precisamente naquele número que, depois de setenta e sete anos, ainda me faz lembrar todos os dias do horror que vivi. Nenhuma palavra — assim como em sua visita ao campo de Auschwitz —, apenas um gesto espontâneo, instintivo, afetuoso. Agradeço também com um gesto; um abraço. E depois caio em prantos.

Devo dizer: o beijo do papa me fortaleceu e me reconciliou ainda mais com o mundo. Francisco e eu nos entendemos com o olhar, não precisamos dizer nada, não havia necessidade de palavras. Aquele número, o número com que fui marcada quando criança assim que cheguei ao campo, o número que minha mãe repetiu por anos na tentativa de me reencontrar, foi abençoado com o beijo do pontífice. O mal pode se transformar em bem, em luz. Aquele número que fala de uma realidade terrível pode se tornar luz para os outros — essa é a mensagem do beijo do papa.

Talvez possa parecer estranho, mas não sei odiar. Na verdade, sei que odiando sofreria ainda mais, certamente mais do que muitos que contribuíram para o meu terrível destino. Se me salvei, devo isso também a uma força extraordinária que, lá do alto, me protegeu. Tenho certeza disso. Se consegui, se essa força me permitiu sair de lá com vida, não foi para pagar ódio com ódio, mas para testemunhar que o mal existe, e que o bem sempre pode prevalecer.

Por muitos meses, estive presa dentro de uma realidade impensável. Foi para este testemunho, para que as pessoas saibam que o impossível pode se tornar real. Meu objetivo não é apenas falar do que aconteceu, mas também falar da paz, que, apesar de tudo, pode vencer. É pelo bem, por esta paz que finalmente consegui depois do campo, que falo. Se eu não falasse da paz, falharia com a minha missão.

Vivi o período mais longo já passado por uma criança no interior de um campo de concentração. Muitos de meus companheiros não conseguiram. Eu sim. Minha missão, portanto, é falar por aqueles que não sobreviveram e dizer que devemos estar atentos para que a escuridão não volte, para que as mães não precisem mais chorar por seus filhos, para que todos sejam poupados de perder seus pais e entes queridos.

Ouvi várias vezes o testemunho de Liliana Segre. Faço de suas palavras as minhas quando ela fala do comandante daquele último campo. Uma pessoa cujo nome ela desconhece. Diz que era um guarda cruel da SS, duro e inflexível, exatamente de acordo com os mandamentos de sua crença. Exatamente como muitos que encontrei. Ela conta que, antes da fuga de Birkenau, quando os russos estavam prestes a chegar, ele se livrou das armas e tirou o uniforme — assim como todos os soldados alemães —, a fim de voltar para casa e afirmar que não teve nada a ver com os crimes da guerra. Segre explica que ela se alimentou de ódio e vingança. Tinha perdido tudo, tinha sido testemunha de violências inauditas, do ódio e do mal absoluto, e sonhava em se vingar. Quando viu a pistola daquele homem da SS a seus pés, pensou que tinha chegado ao momento final, em que pegaria aquela arma e mataria aquele homem. Parecia o desfecho certo para aquela história. Ela disse que foi uma tentação enorme, muito forte, que durou apenas um instante. Mas ali ela compreendeu algo que eu também compreendi: ela não era igual a seu assassino. Tinha escolhido a vida, e por nenhum motivo poderia matar alguém. Não pegou aquela pistola, tornou-se a mulher livre e de paz que é agora. Pois bem, sinto-a próxima de mim porque, como ela, decidi não cultivar o ódio ou a vingança. Decidi continuar eu mesma, uma mulher que só quer amar.

Estão distantes aqueles dias de quase oitenta anos atrás. Aqueles dias do outono de 1943, a viagem para Birkenau em vagões de gado, o cativeiro. Nunca aprendi a odiar, e ainda hoje não sei. Quem odeia sofre muito mais do que quem é odiado. Porque, muitas vezes, quem é odiado nem sabe disso. Quem odeia, ao contrário, sabe que está odiando, e o ódio só pode levar à morte, à destruição pessoal e coletiva.

O ódio destrói, e só isso. Não cria nada. E o mundo não precisa disso. Na história, há muitas figuras boas que trabalharam para isso: penso em Jesus, em Buda, em Gandhi, em Martin Luther King Jr., em Madre Teresa de Calcutá. São pessoas que deram muito à humanidade e não receberam praticamente nada em troca.

O ódio destrói.

Cabe a mim, ao contrário, amar e testemunhar a luz que, apesar da escuridão, nos envolve e não nos abandona.

26 de maio de 2021: Papa Francisco beija a tatuagem que Lidia recebeu no braço em sua chegada ao campo de concentração de Birkenau.

Lidia ao sair do trem em Moscou.

Lidia com Aleksander Boczarowa, seu pai biológico, na estação de Moscou.

Lidia com Anna Boczarowa, sua mãe biológica, no hotel em Moscou.

Lidia com a mãe adotiva, Bronisława Rydzikowska, à esquerda, e com a mãe biológica, Anna Boczarowa, à direita, no hotel em Moscou.

A família biológica de Lidia esperando sua chegada na estação de Moscou: os pais e as três irmãs, Olga, Rima e Swietlana, nascidas após a deportação da mãe.

Lidia aos cinco anos.

A primeira comunhão de Lidia.

O número que foi tatuado no braço de Lidia em Birkenau.

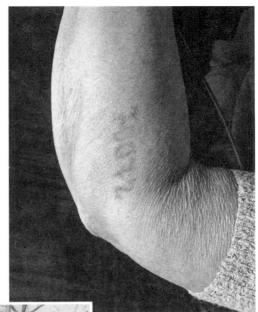

Lidia diante da porta da Morte, em visita a Auschwitz.

Bronisława Rydzikowska, a mãe adotiva.

Lidia aos dezoito anos. A primeira foto enviada para o centro de buscas da Cruz Vermelha de Hamburgo.

Lidia com sua mãe biológica, Anna Boczarowa, e Tadeusz Szymanski, que trabalhava no museu de Auschwitz. Ele era responsável pelos registros das crianças de Auschwitz e ajudou no contato entre Lidia e o centro de buscas de Hamburgo.

A lista do Instituto de Higiene da SS com o nome e o número de Lidia.

Lidia com o conde do Castelo de Castellamonte, Tomaso Ricardi di Netro, e sua assistente Renata Rychlik.

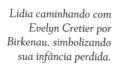

Lidia caminhando com Evelyn Cretier por Birkenau, simbolizando sua infância perdida.

Agradecimentos

Este livro nasceu em 26 de maio de 2021, quando, de surpresa, ao final da audiência geral de quarta-feira, o papa Francisco, ao encontrar Lidia Maksymowicz, quis beijar o número tatuado em seu braço pelos nazistas em 1943, ano em que chegou ao campo de Birkenau com sua jovem mãe. O primeiro agradecimento vai, portanto, para Francisco, que também quis abrilhantar este trabalho com sua breve introdução.

Obviamente, um agradecimento especial vai para Lidia, que pela primeira vez aceitou contar sua história. Também para Anna, que pacientemente traduziu nossos longos diálogos, assim como para Renata, que me ajudou a conversar com Lidia tanto em Cracóvia como em Castellamonte, perto de Turim.

Lidia deve sua participação na audiência papal à Associação Aps La Memoria Viva, de Castellamonte. A Associação, que há tempos se ocupa da recuperação da memória histórica com uma abordagem aberta a novos temas e reflexões, publicou um belíssimo documentário dedicado a Lidia: *70072 La bambina che non sapeva odiare*. Este livro é inspirado nesse documentário. Agradeço, portanto, a todos os membros da Associação, entre os

quais Elso, Felicia e, em especial, Roberto Falletti, seu presidente, porque sem a ajuda deles este livro não teria sido possível.

Um agradecimento especial vai para Jadwiga Pinderska Lech,
presidente da Fundação Vítimas de Auschwitz-Birkenau. É ela,
como responsável pela editora do Museu Estatal de Auschwitz-
-Birkenau, quem dá voz aos sobreviventes. Sem sua paciente lei-
tura dos originais, este trabalho não poderia ter vindo a público.

Um indispensável agradecimento também ao professor Ugo
Rufino, diretor do Instituto Italiano de Cultura em Cracóvia, por
seu precioso interesse.

O último agradecimento é para quem, nestes meses, ficou mais
perto de mim: sobretudo minha família, minha agente Vicki Sat-
low, que acreditou nesta história desde o primeiro momento, e
Michela, da editora Solferino, que me ajudou a aprimorar o texto.

Obrigado a todos,
Paolo Rodari

ESTA OBRA FOI COMPOSTA PELA ABREU'S SYSTEM EM INES LIGHT
E IMPRESSA EM OFSETE PELA LIS GRÁFICA SOBRE PAPEL PÓLEN BOLD
DA SUZANO S.A. PARA A EDITORA SCHWARCZ EM SETEMBRO DE 2023

A marca FSC® é a garantia de que a madeira utilizada na fabricação do papel deste livro provém de florestas que foram gerenciadas de maneira ambientalmente correta, socialmente justa e economicamente viável, além de outras fontes de origem controlada.